Enterprise Innovation Ambidexterity:

View of Managerial Cognition

中国非公有制经济人士统战研究基地丛书

企业创新二元性：

管理认知视角

杨大鹏 ◎ 著

中国财经出版传媒集团

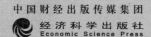

经济科学出版社

Economic Science Press

图书在版编目（CIP）数据

企业创新二元性：管理认知视角／杨大鹏著. —北京：
经济科学出版社，2018. 11
ISBN 978 - 7 - 5141 - 9800 - 3

Ⅰ. ①企…　Ⅱ. ①杨…　Ⅲ. ①企业创新 - 研究
Ⅳ. ①F273. 1

中国版本图书馆 CIP 数据核字（2018）第 229572 号

责任编辑：崔新艳
责任校对：靳玉环
版式设计：齐　杰
责任印制：王世伟

企业创新二元性：管理认知视角

杨大鹏　著

经济科学出版社出版、发行　新华书店经销
社址：北京市海淀区阜成路甲 28 号　邮编：100142
经管中心电话：010 - 88191335　发行部电话：010 - 88191522
网址：www. esp. com. cn
电子邮件：espcxy@ 126. com
天猫网店：经济科学出版社旗舰店
网址：http：//jjkxcbs. tmall. com
北京季蜂印刷有限公司印装
880 × 1230　32 开　7. 5 印张　200000 字
2018 年 11 月第 1 版　2018 年 11 月第 1 次印刷
ISBN 978 - 7 - 5141 - 9800 - 3　定价：38. 00 元
（图书出现印装问题，本社负责调换。电话：010 - 88191510）
（版权所有　侵权必究　打击盗版　举报热线：010 - 88191661
QQ：2242791300　营销中心电话：010 - 88191537
电子邮箱：dbts@ esp. com. cn）

　　本书受到国家自然科学基金一般项目"集群企业跨界创业行为及传导的机制研究"（批准号71473229）和浙江省自然科学基金青年项目"基于企业家认知视角的企业跨界创业生成机理研究"（批准号：LQ19G020001）的资助

总　　序

党的十八届三中全会明确提出，要"支持非公有制经济健康发展"。《中共中央关于全面深化改革若干重大问题的决定》明确指出，"公有制经济和非公有制经济都是社会主义市场经济的重要组成部分，都是我国经济社会发展的重要基础。必须毫不动摇鼓励、支持、引导非公有制经济发展，激发非公有制经济活力和创造力。"

截至2016年底，全国拥有各类市场主体8705.4万户，其中，企业2596.1万户，个体工商户5930万户，农民专业合作社179.4万户。在8700万户市场主体中，90%以上归属于非公有制经济。据统计，目前非公有制经济税收贡献率超过50%，GDP所占比重超过60%，就业贡献率超过80%。非公有制经济为我国经济社会发展做出了巨大贡献，在促进经济增长、激发创新、扩大就业和增加税收等方面发挥了重要作用。

在中国经济加快转型发展和进入"新常态"的背景下，非公有制经济的发展形态正由传统工业化向新型工业化转变，发展动力从资源消耗为主向创新驱动为主转变，发展体系由外向型经济向统筹内外、内外结合转变，发展业态由传统集聚为主向现代产业集群为主转变，管理体制从家族管理为主向现代管理为主转变，发展目标从商品输出为主向资本输出为主转变。

非公有制经济的转型发展离不开非公有制经济人士的智力支持。我国的非公有制经济人士是适应社会主义初级阶段解放和发展生产力的需要、在改革开放和发展社会主义市场经济过程中出现的一个新的社会群体。经过40年的发展，非公有制经济人士的构成主体已发生巨大变化：由过去主要以农民和城镇待业人员为主，发展到包括从党政机关、国有企事业单位、大专院校、科研单位分流出来的行政干部，中高级知识分子，以及海外归国人员在内的庞大队伍，并且这支队伍仍处于不断发展壮大和变化之中。非公有制经济人士具有较强的社会责任感，为经济建设和社会发展做出了很大贡献，已成为我国社会主义现代化建设的一支积极力量、统一战线的重要成员。然而，一些非公有制经济人士也存在缺点、弱点和某些不法行为，其自身素质还有待于进一步提高。

非公有制经济的蓬勃发展以及非公有制经济人士的健康成长、队伍壮大离不开围绕非公有制企业、人士的体制机制和制度环境的建设，尤其是政府职能的转变、行政体制的改革以及法治、市场和资本等环境的优化。2015年5月，习近平总书记在中央统战工作会议上指出，促进非公有制经济健康发展和非公有制经济人士健康成长，要坚持团结、服务、引导、教育的方针，引导非公有制经济人士特别是年轻一代致富思源、富而思进，做到爱国、敬业、创新、守法、诚信、贡献。2016年3月4日，习近平总书记在看望出席全国政协十二届四次会议民建、工商联界委员并参加联组讨论时，进一步强调指出，非公有制经济要健康发展，前提是非公有制经济人士要健康成长。

　　《中国非公有制经济人士统战研究基地丛书》正是基于以上背景，在中国统一战线理论研究会非公有制经济人士统战工作理论浙江研究基地的出版资助下，吸收宁波大学、浙江大学等省内高校和科研机构，长三角乃至全国范围内的非公有制经济人士中的专家学者，以及实际工作部门人员，精心组织并撰写的。丛书主要围绕非公有制企业、非公有制人士、体制机制改革和政府职能转变等重要问题进行深入系统的研究，包括非公有制企业的市场拓展、技术创新、企业传承、文化建设、社会责任；非公有制经济人士的成长环境、成长动力、成长瓶颈、成长机制；政府职能转变以及相关的政府服务环境、法治环境、市场环境和资本环境等。

　　《中国非公有制经济人士统战研究基地丛书》可以为非公有制经济企业转型发展提供咨询服务，为党和政府决策提供事实依据，为促进非公有制经济健康发展和非公有制经济人士健康成长提供有益指导。

前　　言

随着中国经济发展由高速发展进入高质量发展阶段，创新的价值和意义更加凸显。面对"从中国制造转向中国创造，从制造大国转向制造强国，从中国速度转向中国质量"的问题，实施创新驱动发展战略势在必行。新旧动能转换背景下，发展的重点在于推动产业结构转型，把实体经济做强做优，其关键又在于企业的高质量发展，企业创新是创新驱动发展的基础。同时，互联网、大数据、人工智能和区块链等技术的快速发展和应用，使企业所面临的市场和技术环境愈加复杂，企业发展所承受的竞争压力与日俱增，原有的竞争优势越来越难以保持。在经济转型和技术突破的双重压力下，创新发展成为企业发展的主要手段。

面对这一形势，部分企业通过探索企业新竞争力来源、注重整合利用企业已有资源和能力优势，进而获取持续竞争优势。打造二元型组织这种创新战略成为成功转型适应环境的典范，因此，采用二元创新战略（即获取组织二元性）是企业实现转型发展的重要方式，具有非常重要的现实意义。同时，在理论层面解释"组织二元性从何而来"有非常重要的意义，特别是对组织二元性的微观形成机制进行深入研究。管理认知通过信息筛选和解读等环节

1

对企业战略决策和绩效结果产生显著影响，也会对企业如何处理探索和利用活动的关系产生影响，因此急需探究管理认知在创新战略制定（即组织二元性获取过程）中的作用。此外，现有研究中组织二元性与企业绩效关系的实证结果并不一致，不一致性的产生受到多方面因素的影响，需要进一步研究。因此，聚焦于"管理认知如何影响组织二元性"和"组织二元性如何影响企业绩效"问题，本书将致力于探索组织二元性的认知成因和机制，并尝试解释组织二元性与绩效关系不一致的问题。

本书聚焦于管理认知对企业创新战略的影响研究，研究过程中综合运用文献计量、内容分析、案例研究和大样本实证分析等方法，力求全面、深入、系统地开展分析。总体来看，本书主要包括以下研究内容。

第一，组织二元性的内涵深化。组织二元性是平衡探索和利用的能力，包括在战略目标、组织结构和知识获取三方面的平衡。企业构建二元型组织的过程中，需要平衡探索型战略和利用型战略，企业在战略目标设定、组织结构设计和技术知识获取三方面都会表现出探索式战略和利用式战略的特征，战略目标设定需要平衡企业短期利益和长远发展，组织结构设计需要平衡组织结构的效率和灵活性，技术知识获取需要平衡已有知识强化和新知识获取。因此需要从战略目标、组织结构和技术知识三方面出发，探讨企业如何实现探索和利用的二元平衡。

第二，管理认知结构对创新战略的影响。管理认知结构对组织二元性有显著影响，管理自主权在其中起调节作用。本书基于领导视角构建管理认知与组织二元性关系框架，通过上市公司面板数据进行实证分析。分析发现，管理认知结构复杂性对组织二元性有正向影响，而认知结构专注性对组织二元性有负向影响。本书发现管理自主权对两者关系有正向调节作用，管理自主权越大，管理认知结构的影响会更显著，即管理自主权会放大管理认知结构复杂性对组织二元性的正向影响和结构专注对组织二元性的负向影响。

第三，管理认知过程对创新战略的影响。管理认知过程对组织二元性有显著影响，高管团队行动一致性在其中起调节作用。本书对管理认知过程的研究主要关注战略解释对组织二元性的影响。战略解释主要分为机会解释和威胁解释，当两者共存时，我们认为管理者具有矛盾性的解释。管理者对战略问题解释的矛盾性程度越高，企业对此作出的战略反应所涉及的范围就越广，其风险承担能力和新颖程度就越高。基于问卷调查数据的实证分析发现，管理者的威胁解释会促进利用式创新，而机会解释会促进探索式创新，管理者的矛盾性解释会促进组织二元性，而管理团队行动一致性在以上关系中具有正向调节作用。

第四，探讨了组织二元性与绩效的关系。组织二元性与企业绩效关系的不一致问题可以通过二元性的维度划分或通过情境条件的引入进行解释。对已有研究关于组织二元性与企业绩效关系的不一致问题，本书尝试通过两条路径消除：一方面对组织二元性进行分类，通过区分高能平衡和低能平衡，发现高能平衡促进企业绩效而低能平衡对企业绩效存在负面影响；另一方面考察情境条件的影响，引入种群生态理论"生态位选择"的观点，考察环境动荡性的调节效应，发现环境动荡程度对组织二元性与企业绩效关系存在显著的负向调节作用。研究结论说明低能平衡并不能带来绩效提升，而且在高度动荡的环境中，二元平衡并不利于提高企业绩效，反而是偏才（专注于探索或利用）制胜。

本书可能从以下几个方面拓展或丰富了现有的研究。(1) 扩展了组织二元性的概念内涵和外延，组织二元性需要平衡战略目标设定、组织结构设计和技术知识获取三方面。(2) 从微观认知视角解释组织二元性的形成机制，从认知结构和认知过程两个方面实证检验了管理认知对组织二元性的影响，并分别考察了基于高阶理论拓展提出的两个调节变量——管理自主权和行动一致性的调节作用，推进领导视角的组织二元性前因的实证研究。(3) 为组织二元性与企业绩效关系不一致提供了有力解释，本书通过解构核心概念（组织二元性）和引入情境变量（环境动荡性）两条路径，解释了组织二元性与企业绩效关系不一致产生的原因。(4) 将种群生态理论引入组织二元性研究，用以解释不同环境下组织选择问题，通过理论整合拓宽了研究思路。

作　者

2018 年 9 月

目 录

第一章 //

绪　　论

　　组织二元性是战略、创新和组织研究中的重要概念，近年来相关研究剧增。本章在现实背景和理论背景的基础上，明确研究问题，构建理论框架，并确定适合的研究方法，最后阐述本书可能的理论创新与贡献。

第一节　研究背景：经济转型与企业创新

一、现实背景

　　经济转型背景下，企业亟待转型和突破。改革开放以来，中国经济经历了近40年的快速增长，2010年超越日本成为仅次于美国的世界第二大经济体，中国的崛起受到全世界的瞩目。2012年来GDP增长率增长变缓（见图1-1）。经济发展面临长期的结构性失衡问题，供给体系与需求侧严重不配套，中低端产品产能过剩而高端产品供给严重不足，个性化的需求无法得到满足，国家提出"供给侧结构性改革"，以"三去一降一补"（去产能、去库存、去杠杆、降成本、补短板）为重点，旨在调整经济结构，实现要素最优配置，提升经济增长的质量和数量。供给侧结构调整一方面强调技术创新的重要性，提出通过人才培养和创新激励提升产品品质；另一方面强调产业结构转型的重要性，基于需求差异对低端产业采取收缩策略，一部分产业进行转型升级，而对战略性新兴产业采取进入和扩张策略。2015年以来，中央和国务院连续发布指导改革创新和产业升级的重要文件，包括3月发布的《关于深化体制机制改革加快实施创新驱动发展战略的若干意见》、5月发布的《中国制造2025》行动纲领和7月发布的《"互联网+"行动指导意见》。这些集中地体现了中央政府的思路，明确了创新驱动的战略地位，明确了改革重点领域和制造业发展核心，并提出了"互联网+"的转型发展手段。

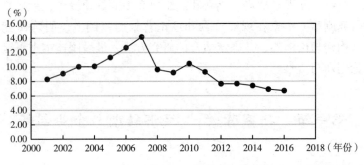

图1-1 中国GDP增长率变化趋势

随着中国经济步入"新常态"，市场和技术环境愈加复杂，企业原有的竞争优势难以保持，转型发展压力增大，企业变革势在必行，企业必须适应宏观经济发展和政策发展方向并有针对性地进行调整和转型。"互联网+"新兴技术广泛应用背景下，部分企业展开探索，打造二元型组织，成为转型成功的典范。在传统纸媒生存困难的大环境下，浙报传媒高管层积极拥抱互联网，转变发展理念，在坚守传媒主业的同时，利用其自身在报纸和网站运营领域积累的基础用户数据，创造性地推出新媒体、游戏和电商等业务融合发展的新模式，探寻适应新环境的发展机会，在保持现有优势的同时实现了逆势增长。类似地，面对经济和技术发展带来的外部冲击，红领服装和尚品宅配等在原有基础上，结合"互联网＋"情境推出"C2B"业务转型，探索新产业发展机会，维持企业稳定的竞争优势。不难看出，许多成功的企业都表现出显著的"二元型组织"特征，即探索企业新竞争力来源的同时，注重整合利用企业已有资源和能力优势，通过两方面的协同实现企业转型发展。

二、理论背景

邓肯（Duncan，1976）和马奇（March，1991）开启了对组织二元性的研究，近20年来组织二元性的研究在管理学领域开始被广为接受并深入研究。在 Web of Science 中以 ambidexterity 或 ambidextrous 为主题搜索，结果显示（见图1－2和图1－3），出版文献数和引文数均呈现逐年增长态势，2008年以后增速尤其显著。可见，组织二元性已逐渐成为管理研究中的一个研究热点和重要议题（刘洋，魏江，应瑛，2011；魏江，邬爱其，彭雪蓉，2014）。

组织二元性是指同时高效开展利用性活动（exploitation）和积极推进探索性活动（exploration）的能力（Tushman，O'Reilly，1996；He，Wong，2004）。其中利用性活动包括对现有机会、资源和能力的调动、应用及渐进型创新等，致力于改进企业现有能力；

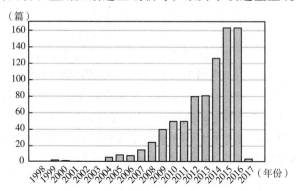

图1－2 出版文献数

探索性活动包括对新机会、新资源的学习、开发及突破式创新等，旨在探索新的知识和机会（March，1991）。研究发现，二者对企业获取持续竞争优势至关重要，如何协调二者关系、获取组织二元性成为组织研究和企业实践的关键问题（Lavie，Stettner，Tushman，2010；王凤彬，陈建勋，杨阳，2012）。探索和利用活动的平衡可能带来互补作用，对企业获取竞争优势具有重要意义（Cao，Gedajlovic，Zhang，2009）。因此，获取组织二元性是企业实现转型发展的关键路径，具有非常重要的理论意义。

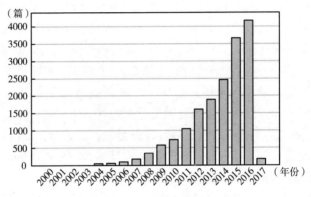

图1-3　文献引用数

然而，也有研究发现，组织二元性对绩效存在反面影响或影响不显著，导致现有研究关于组织二元性与企业绩效关系的讨论出现不一致的结论。一部分学者研究发现，组织通过结构分离、情境设计、领导行为和企业网络等方式可以解决资源竞争问题，实现探索式创新和利用式创新的二元平衡，从而有助于提升企业绩效。另一部分学者则认为组织同时追求相互冲突的活动会导致组织内部的不一致性，因而相对于那些专注于探索或利用某一活动的企业，这种不一致会损害企业绩效，也就是说，同时强调探索和利用反而不利于企业发展。同样，企业过于注重二元平衡则可能在战略选择上陷入"卡在中间（stuck-in-the-middle）"的困境，在探索或利用活动

4

两方面表现都不好，无法将企业资源最大化利用。本书聚焦于"组织二元性的绩效影响"问题，尝试通过对组织二元性进行维度划分、引入调节变量和区分长短期绩效等方式，拓展已有组织二元性研究的框架。

进一步地，在理论层面解释"组织二元性从何而来"的问题有非常重要的意义。管理认知在企业战略决策中具有重要作用，组织二元性是企业关于探索和利用战略的决策结果，必然受到企业高层管理者自身认知的高度影响。从高层管理者视角研究企业如何构建二元型组织非常有必要，一方面，高层管理者本身对企业战略有直接的影响，其战略决策对组织二元性有直接的影响；另一方面，通过结构分离、情境设计和企业网络等机制实现组织二元性都受到高层管理者的影响（Smith，Tushman，2005）。现有从领导视角对组织二元性的驱动因素的研究，主要关注了高管的个人特征和行为对企业获得组织二元性的影响（Lubatkin，Simsek，Yan，2006），本书将深入考察行为背后的认知因素对组织二元性的影响，致力于探索组织二元性的认知成因和机制。因此，聚焦于"企业如何获取组织二元性"问题，本书试图揭示管理者认知与组织二元性之间的内在作用机理。

第二节　主要研究问题

一、组织二元性的具体概念内涵

组织二元性是一个基于理论提出的概念，是指同时掌握两种冲突性力量的能力，如同时擅长探索和利用两种导向完全不同的活动。现有研究对组织二元性的概念内涵及外延的描述仍旧存在模糊之处，同时，组织二元性是企业管理者战略决策的结果，其对企业长短期绩效具有显著影响。因此，本书首先明确组织二元性的概念内涵和具体表现形式，进而从组织行为视角考察组织二元性为什么重要。

二、管理认知对组织二元性的影响以及在不同管理情境下的差异

现有研究从组织结构、情境和外部网络等视角考察了组织二元性的形成机理，但作为企业管理和战略决策的核心——高层管理者的作用尚未得到充分考察。管理认知包括管理者的知识结构和对环境的战略解释两方面，两者分别从结构和过程分析管理者的战略认知，因此很有必要从两个视角分别考察管理认知对组织二元性的影响。进一步考察不同的管理情境下管理认知对组织二元性的影响是否存在差异，有助于清晰界定管理认知对组织二元性的作用边界。因此，本书从不同视角考察管理认知对组织二元性的作用机理，并考察管理情境差异的影响。

三、组织二元性对绩效的影响以及在不同环境条件下的差异

组织二元性问题本质上是探索和利用活动二者关系的处理问题，以往研究发现，探索活动和利用活动对企业绩效有显著影响，同样，组织二元性作为企业重要战略决策，亦对企业绩效存在影响。一方面，探索和利用之间可能存在互补关系，探索为利用带来新的知识基础，而利用则使企业更加了解自身的知识和资源，进而通过重构提高探索能力，因此平衡探索和利用活动进而获取组织二元性会带来积极的绩效影响。另一方面，平衡探索和利用活动的成本也不容忽视，通过结构分离、情境设计、领导行为或企业网络等方式可以解决资源竞争问题，但组织内部协调存在风险，可能引发部门间冲突，加剧资源竞争，削弱甚至抵消探索和利用互补带来的好处。因此，本书需要进一步澄清组织二元性对绩效的影响机制，并考察不同的环境条件下两者关系的差异。

第三节　研究安排与设计

一、研究思路

基于当前经济背景下企业转型发展的现实背景，本书关注企业如何获取组织二元性及其绩效结果。本书首先关注理论研究中出现的一个不一致问题——组织二元性对绩效影响存在不一致的研究结论。部分研究发现组织二元性对绩效有促进作用，部分研究发现组织二元性对绩效有负向影响或没有影响。本书通过组织二元性的概念解析和情境因素的引入两条路径，解释组织二元性与绩效之间的关系。组织二元性并非凭空而来，管理认知对企业构建二元性存在显著影响。基于理论分析，管理认知可以从两个视角进行解读，即管理者的认知结构和认知过程。因此本书首先通过多案例理论建构，识别组织二元性的关键要素，并初步得出认知结构和认知过程与组织二元性之间的关系。在后续实证中，由于认知结构和认知过程的数据获取方式存在差异，前者更适于采用文本分析和二手数据，而后者更适于采用问卷调查方法获得，因此本书分别收集数据检验了管理认知结构和认知过程对组织二元性的影响，并基于高阶理论的发展考察了不同管理情境的调节作用。因此本书可以细化为四个子研究。子研究一：管理认知与组织二元性关系的探索式案例研究（同时考察认知结构和认知过程对组织二元性的影响）；子研究二：基于上市公司数据考察认知结构对组织二元性的影响及其理论边界；子研究三：基于问卷调查数据考察认知过程对组织二元性的影响及其理论边界；子研究四：组织二元性与企业绩效关系再探讨。

二、研究方法

（1）文献研究法。本书采用定量与定性结合的方法开展文献综述。文献综述的目的在于系统地梳理该研究领域的理论发展历程和未来发展趋势，找出现有研究的不足之处，为研究的进一步开展奠定基础。本书通过数据库筛选出核心研究论文，进行文献计量分析，识别出高发文作者、高被引作者和高被引论文等，通过引文分析和共词分析梳理理论脉络。在此基础上，深入研究核心论文，并结合图书、学位论文等其他资料，为概念界定和理论假设形成提供基础。本书通过对组织二元性和管理认知相关文献的深入研究，梳理组织二元性和管理认知相关研究的发展脉络，并探讨管理认知与组织二元性之间的关系，并基于以上研究提出本书的理论研究框架和概念模型。

（2）案例研究法。案例验证范式的多案例间交叉验证逻辑十分有用，能够提升分析的内外部效度。本书关注管理认知和组织二元性之间的关系，因此适合采用案例建构理论。本书采用多案例对比建构理论，理论建构式案例研究方法要求不进行理论预设，只在明确研究问题的基础上，对相应基础理论做初步梳理。通过对浙报传媒、山鹰纸业和恒逸石化三家企业的调研、访谈和其他资料的整理，获取案例企业相关资料，采用访谈记录、内容分析和认知地图分析等方式，深入刻画管理认知结构、管理认知过程和组织二元性等核心概念，并探究管理认知和组织二元性之间的关系，提出初步的理论研究框架。

（3）实证分析法。根据理论假设建立计量模型，通过国泰安数据库上市公司年报和问卷调查法等方法获取数据，应用 Stata 软件对数据进行回归分析。本书基于研究问题和数据获取的方便性，第四章采用二手数据，即上市公司年报中的管理分析和管理层讲话等材料来刻画管理认知结构，并收集其他相关企业信息数据，采用兼具截面数据和时间序列特征的面板数据，通过一系列检验后选择广义最小二乘法（FGLS）进行统计分析，检验相关理论假设。第五章、第六章采用问卷方法收集横截面数据，通过多元线性回归验证相关研究假设。

三、技术路线

技术路线是研究思路所决定的研究内容与研究方法的结合。基于本书的研究思路和研究方法，本书的技术路线如图1-4所示。从文献梳理和探索式案例研究出发，明确理论研究问题；在此基础上分别建立理论模型，并收集数据进行实证检验；最后对研究内容进行梳理和总结，提出管理启示，反思研究的不足并提出未来研究方向。

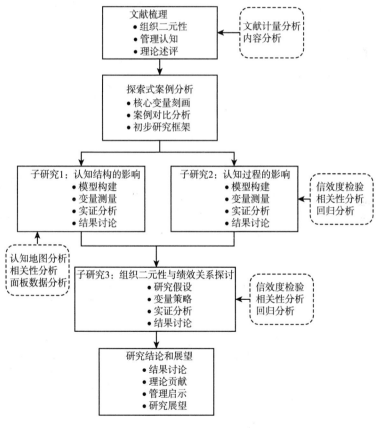

图1-4 本书研究技术路线

四、章节安排

遵循"提出问题—分析问题—解决问题"的一般思路，整合归纳（案例研究）和演绎（实证检验）的科学研究范式（Sutton，Rafaeli，1988），全书包括三大部分共七章内容，具体章节安排如图 1-5 所示。

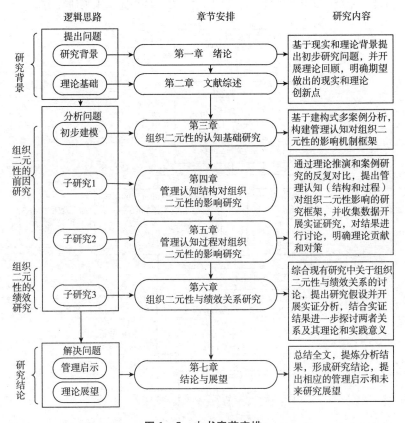

图 1-5　本书章节安排

第一部分：提出问题，包括第一章和第二章，从现实问题和理论背景提出研究问题。研究难点在于寻找现实问题对应的理论背景，从而完成科学研究问题的初步提炼。

第二部分：分析问题，包括第三章到第六章，也是本书的主体部分，分别研究组织二元性的前因和组织二元性的绩效影响。研究难点在于构建本书的整体概念模型以及实证样本的数据收集和变量测度。

第三部分：解决问题，包括第七章，在提炼研究结果的基础上，明确研究的理论贡献，并提出相应管理启示和未来研究方向。

第四节 主要研究创新点

本书主要有以下研究创新点。

首先，在研究选题方面，本书关注企业如何调整创新战略、获取组织二元性以适应日益动荡的外部环境，致力于探索组织二元性的认知基础。通过文献计量分析和内容分析发现，现有研究对组织二元性的前因研究大多聚焦于组织结构、组织文化和战略导向等因素的影响，企业高层管理者的作用没有受到充分重视。部分研究关注了高管团队的作用，但主要集中于高管个人特征或高管行为，缺乏对其深层认知基础的研究。从高管认知视角研究组织二元性获取机制研究，是对现有研究有益的补充和深化。本书从认知结构和认知过程两个维度考察管理认知，能够以更为新颖和全面的视角考察组织二元性的微观认知基础。

同时，本书发现，现有研究中组织二元性与绩效关系存在不一致结论，通过理论分析和实证检验为组织二元性与企业绩效关系矛盾提供有力的解释。一方面，通过将组织二元性区分为高能平衡和低能平衡，发现高能平衡促进企业绩效而低能平衡对企业绩效存在负面影响。另一方面，引入种群生态理论"生态位选择"的观点，

企业创新二元性：管理认知视角

考察环境动荡性的情境调节效应，发现环境动荡程度（包括市场环境和技术环境）对组织二元性与企业绩效关系存在显著的负向调节作用。

其次，理论发展方面，本书一方面整合管理认知和组织二元性的研究，另一方面将种群生态理论引入组织二元性研究，通过理论整合拓宽了研究思路。本书关注组织二元性的认知基础，基于企业决策者不完全理性的假设，整合战略选择和高阶理论的研究，构建了"认知—行为—绩效"的研究框架。已有研究对二元性与绩效关系的研究已经涉及外部环境等调节因素，但是外部环境作用于组织内部过程的机理解释并不明晰，本书创新性地引入种群生态学理论，将探索和利用平衡选择视为企业适应外部环境的一种"生态位选择"战略。实证分析表明，环境动荡程度高时，平衡反而会对企业绩效产生负效应。这为组织二元性研究深化提供了一种基于理论整合的新思路。

最后，研究方法上，本书注重定性方法和定量方法的互相补充。文献综述部分结合文献计量和内容分析法，系统全面地梳理现有研究，论述展开部分将案例研究和实证检验结合，提升了理论的深度。此外，本书还创新了获取管理认知结构的数据。以往研究往往采用手动编码方法获取管理者的认知地图，需要投入大量的时间和精力，同时易受主观因素的影响。本书创新性地借助计算机程序实现了半自动化的认知地图分析，通过前期的文献阅读和认知材料分析，确定编码词汇表和原始词汇与概念的对应关系，经过反复修改确认原始词汇与核心概念，通过计算机程序对文本进行自动分析，获取认知地图矩阵，便于后续研究中的数据分析。本书的自动分析方法不同于以往的词频分析，获取了不同概念之间的联通关系，为开展后续研究奠定了方法基础。

第二章 ∥

文 献 综 述

本章针对研究问题所关注的组织二元性和管理认知，将对已有研究进行系统梳理和述评。首先，对组织二元性相关研究开展文献计量分析，获取关于组织二元性研究的全景趋势；基于对组织二元性核心文献的深入阅读，从概念内涵、驱动因素和绩效影响三方面进行综述。其次，从高阶理论出发，梳理管理认知的概念内涵和维度划分，并探讨管理认知与企业战略决策的关系。最后，针对现有研究的发展前景和不足之处进行文献述评，为本书理论框架构建奠定基础。

第一节 组织二元性研究

在组织研究领域，邓肯（Duncan，1976）最先提出组织二元性的概念，主要关注了结构分离这一形式的二元性问题。后续的研究主要是建立在 March（1991）所提出的探索、利用二分框架的基础上，在管理学的各个细分领域广泛开展理论和实证研究，在 Web of Science 中以 ambidexterity 或 ambidextrous 为主题进行搜索，出版文献数和引文数均呈现逐年增长态势，2008 年以后增速尤其显著，其中涌现出不少优秀的综述文献并发表于国内外顶级期刊上，可见，组织二元性已逐渐成为管理研究中的一个研究热点和重要议题（Raisch，Birkinshaw，2008；Lavie，Stettner，Tushman，2010；刘洋，魏江，应瑛，2011）。

本部分首先对组织二元性相关的研究开展文献计量分析，借助 Bibexcel 和 Citespace 等软件展现组织二元性的发展历程和研究趋势；然后分别梳理组织二元性的概念内涵、驱动因素研究和绩效影响研究，具体包括：（1）组织二元性的概念内涵研究，主要关注探索和利用活动的二元框架及其在组织学习、技术创新等领域的应用；（2）组织二元性的驱动因素研究，主要关注企业实现组织二元性的方式，分为结构、情境、领导和网络四个视角；（3）组织二元性的绩效影响研究，主要关注组织二元性对绩效影响的不一致结论，以及不同的调节因素作用下其影响作用的差异（张钢、陈佳乐，2014）。本部分将围绕以上主线进行文献回顾和述评。

一、组织二元性研究脉络：文献计量分析

（一）文献综述方法选择

1. 方法选择

越来越多的管理研究开始使用从定性转向定量分析方法开展文献综述，利用定量分析某一研究领域的发展热点和发展趋势（刘洋，2014）。本书将采用定性与定量相结合的方法开展关于组织二元性的文献综述，本节为文献计量分析，后续将基于文献的深度阅读开展定性分析。文献计量分析方法是指基于一定的原则选取文献，对其进行描述性统计、引文分析（Citation analysis）和共词分析（Co-word analysis），进而系统、全面地呈现某一研究领域的发展现状、趋势和不足之处，为后续研究开展奠定基础（陈悦等，2014）。

2. 数据收集

本书采用 Web of Science 核心数据库中的 SSCI 期刊作为文献检索来源，涵盖 1998 年开始的全部文献。首先，本书选择关键词搜索相关文献，本书以"ambidexterity"或"ambidextrous"作为关键词进行主题搜索，得到文献 739 篇。其次，根据数据库提供精练条件，选择文章类别为"article"和"review"，选择所属领域为"管理""商业"和"心理学应用"，筛选后获得文献 590 篇。最后，由熟悉组织研究的一名管理学教授和两名博士生组成研究团队，对所得文献进行手动筛选，通过摘要和关键词阅读，剔除与本书主题不一致的论文，最终获得 443 篇文献，将 443 篇文献的题录信息导出以备后续分析。

3. 数据分析

文献计量分析一般包括三部分，即描述性统计、引文分析和共词分析，描述性统计用以识别发表论文的个体特征，引文分析旨在挖掘研究起源和理论脉络，共词分析用于发现理论发展的热点问题。描述性统计部分采用 Bibexcel 进行分析，Bibexcel 可以选择作者（AU）、来源（SO）、发表年份（PY）、作者机构（C1）等标签进行数据抽取，进而进行单独或组合分析。引文分析和共词分析采用 Citespace 软件进行分析，该软件由陈超美教授开发，经过多年反馈和更新，已具有较为稳定的性能。

（二）描述性统计

1. 年度发文数量和发文期刊

如图 2-1 所示，组织二元性研究发文数量总体呈上升趋势，尤其是在 2008 年和 2014 年出现了较快速的增长，表明这一研究领域日益受到重视。

从发文期刊上来看，组织二元性的研究主要发表在 *Organization Science*、*Journal of Product Innovation Management*、*Management Decision* 和 *Strategic Management Journal* 等组织、创新和战略研究领

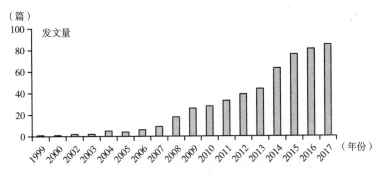

图 2 - 1　组织二元性研究文献年度发文量

域的期刊上（见表 2 - 1）。*Human Resource Management* 和 *International Journal of Human Resource Management* 等人力资源管理期刊则从微观层面考察组织二元性的形成和作用，*Journal of Management Studies* 上发表了较多综述性的文章。部分期刊发文量较大，曾推出组织二元性研究的专刊（special issue），如 *Organization Science* 在 2009 年推出了专刊，探讨如何通过平衡探索和利用活动获取持续竞争优势，而 *Human Resource Management* 则在 2015 年推出专刊，聚焦中高层管理者在获取组织二元性过程中的作用。此外，*Academy of Management Journal* 等权威期刊上相关研究数量也在逐渐增长，说明组织二元性研究已不再是某一领域所关注的问题，在管理研究中占有重要地位。

表 2 - 1　　　　　　　　　高发文量期刊

序号	期刊名	发文数（篇）	占比（%）
1	*Organization Science*	22	4.97
2	*Human Resource Management*	15	3.39
3	*Journal of Product Innovation Management*	15	3.39
4	*Management Decision*	14	3.16
5	*Strategic Management Journal*	13	2.93

序号	期刊名	发文数（篇）	占比（%）
6	*Industrial Marketing Management*	12	2.71
7	*International Journal of Human Resource Management*	11	2.48
8	*Journal of Management Studies*	11	2.48
9	*Journal of Business Research*	10	2.26
10	*Academy of Management Journal*	9	2.03

2. 发文国家（地区）和发文机构

图2-2和图2-3展示了发文量最多的国家（地区）和机构，其中美国和英国是发文量最大的国家，这与其经济和企业发展水平较高有关，中国的发文量紧随其后，说明随着我国经济水平的提升，企业发展问题得到了越来越多的重视，特别是发展中国家企业如何通过构建二元型组织获取国际市场中的竞争优势问题。从发文机构来看，伊拉兹马斯大学的发文量最大，该校詹森（Jansen）、沃尔伯达（Volberda）和博世（Bosch）教授等人组成了较为强大的研究团队，专门从事组织二元性、组织创新和领导等领域的研究。此外，哈佛商学院是组织二元性研究的起源地，塔什曼

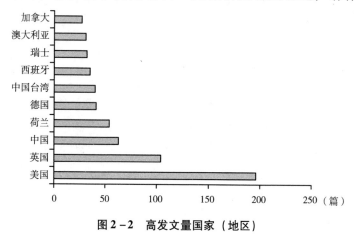

图2-2 高发文量国家（地区）

（Tushman）为代表的研究团队持续关注组织二元性研究的发展，发表了大量重要文献。

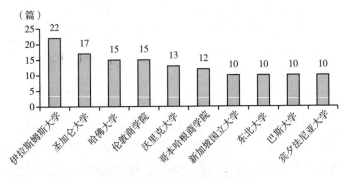

图2-3 高发文量机构

3. 发文作者及其研究领域

表2-2展示了组织二元性研究领域的高发文作者及其所在机构和研究领域。发文量最多的塔什曼（Tushman）教授，是哈佛商学院1942级保罗·R. 劳伦斯MBS班企业管理讲座教授，他因在技术变革、经理领导力和组织适应等领域及领域间融合的研究受到广泛的认可。塔什曼（Tushman）教授在组织二元性领域有较多重要的文章和著作，与欧·瑞利（O'Reilly）合作的《二元型组织：管理渐进和重大变革》（*The ambidextrous organizations*：*Managing evolutionary and revolutionary change*）是组织二元性研究的重要里程碑，谷歌引用次数达到3485次。之后他与赖斯（Raisch）、史密斯（Smith）和伯金肖（Birkinshaw）等多位高发文量作者合作发表了大量具有重要意义的文章，2004年发表《探索、利用和流程管理：再论生产力困境》（*Exploitation*，*exploration and process management*：*the productivity dilemma revisited*），谷歌引用次数达到3265次，并获美国管理学会优秀论文奖。高发文量作者的研究领域主要集中在创新管理、战略管理和高层领导领域。

表 2 - 2　　　　　　　　高发文量作者

序号	作者	所在机构	研究领域	数量（篇）
1	塔什曼	哈佛商学院	组织变革与转型、组织设计、创新管理和领导力	12
2	伯金肖	伦敦商学院	战略管理和创业管理	9
3	赖斯	圣加仑大学	企业增长、领导力和组织设计与创新	8
4	李	吉林大学	创新与战略管理	8
5	詹森	伊拉斯姆斯大学	公司创业、战略创新	7
6	特纳	克兰菲尔德大学	创新管理、项目管理	7
7	沃尔伯达	伊拉斯姆斯大学	战略与创新管理	7
8	诺赛拉	帕多瓦大学	网络管理、战略与创新管理	6
9	希姆塞克	康涅狄格大学	战略管理、战略创业	6
10	史密斯	德拉瓦大学	悖论、创新管理和社会创业	6
11	博世	伊拉斯姆斯大学	战略管理、创新管理	6
12	欧·瑞利	斯坦福大学	领导力研究、创新管理	6

（三）引文分析

1. 高共被引文献

通过 Bibexcel 软件对高被引文献开展分析，结果如表 2 - 3 所示，从表中可以发现，高被引文献主要来自组织研究领域，发文期刊也是以组织研究的重要期刊《组织科学》为主。其中马奇的《组织学习中的探索和利用》（*Exploration and exploitation in organizational learning*）引用频率最高，该文提出了探索和利用的二分框架，是后续理论和实证研究的基础。塔什曼的《二元型组织：管理渐进和重大变革》（*The ambidextrous organizations：Managing evolutionary and revolutionary change*）提出了组织二元性在管理研究中的重要意义，是组织二元性研究中的理论基础。何和王的《探索与利用：二元性假设的实证检验》（*Exploration vs. Exploitation：an empirical test of the ambidexterity hypothesis*）一文提出了探索、利用活动的测量，并在此基础上测量组织二元性，是组织二元性研究中的实证基础，后续大量实证研究都是基于这篇文章的测量方式开展的。

表 2 - 3 高共被引文章

序号	标　题	作者	年份	来源	频次
1	*Exploration and exploitation in organizational learning*	马奇	1991	*Organization Science*	313
2	*The antecedents, consequences and mediating role of organizational ambidexterity*	吉布森	2004	*Academy Management Journal*	284
3	*Exploration vs. Exploitation：an empirical test of the ambidexterity hypothesis*	何和王	2004	*Organization Science*	236
4	*The ambidextrous organizations：Managing evolutionary and revolutionary change*	塔什曼	1996	*California Management Journal*	224
5	*Organizational ambidexterity：antecedents, outcomes, and moderators*	赖斯	2008	*Journal of Management*	196
6	*The interplay between exploration and exploitation*	古普塔	2006	*Academy Management Journal*	195
7	*Exploitation, exploration, and process management：the productivity dilemma revisited*	本纳	2003	*Academy Management Journal*	194

序号	标　题	作者	年份	来源	频次
8	The myopia of learning	利文索尔	1993	Strategic Management Journal	189
9	Ambidexterity and performance in small-to-medium-sized firms：the pivotal role of top management team behavioral integration	卢巴特金	2006	Journal of Management	156
10	Organizational ambidexterity：balancing exploitation and exploration for sustained performance	赖斯	2009	Organization Science	143
11	Managing strategic contradictions：a top management model for managing innovation streams	史密斯	2005	Organization Science	135

2. 引文聚类分析

引文聚类分析采用 Citespace 软件操作，选择 TOP 25 的文献进行共被引分析，选择时间轴（Timeline）视图进行自动聚类，得到结果如图 2 - 4 所示，图中圆圈的大小代表共被引频次，圆圈越大共被引频次越高（陈超美等，2009）。从表 2 - 4 中发现，主要有 4 个聚类，包括组织学习（organizational learning）、机制研究（mechanism）、本地搜寻（local search）和新兴产业（emerging industry），标签名称并不完全代表这一聚类文章的特点，需要结合聚类所包含的主要文献和活跃文献进行解读，进而梳理组织二元性研究中的文献脉络。

对 4 个聚类进行具体分析，可以发现文献发展的脉络和趋势。最大的聚类标签是组织学习，有 24 个聚类成员，主要是战略管理和组织学习领域的研究，关注组织如何通过学习适应外部环境变化，从微观和人力资源的角度考察组织二元性的形成，活跃文献是战略管理领域的顶级学者艾森哈特（Eisenhardt）发表在《组织科学》

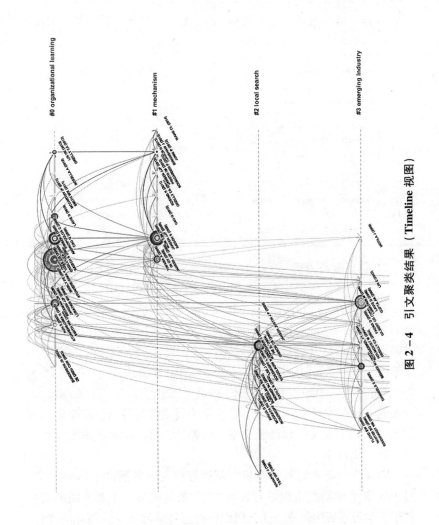

图 2 - 4　引文聚类结果（Timeline 视图）

表 2－4　　　　　　　　　　引文聚类结果

聚类号	标　　签	引用年份均值	活跃文献
#0	组织学习（organizational learning）	2009	艾森哈特（2010）
#1	机制研究（mechanism）	2009	黄（2010）
#2	本地搜寻（local search）	2010	拉亚拉（2012）
#3	新兴产业（emerging industry）	2010	利伯恩（2012）

（*Organization Science*）上对战略平衡的研究。第二大聚类标签是机制研究（Mechanism），有 20 个聚类成员，主要是战略管理和创新管理领域的研究，关注组织二元性的治理机制，包括结构分离、情境设计等，活跃文献是黄（Hoang）发表在《战略管理期刊》（*Strategic Management Journal*）的《利用内外部经验：探索、利用和研发项目绩效》，关注了内外部探索和利用经验及其耦合的绩效影响。第三大聚类标签是本地搜寻（Local search），有 18 个聚类成员，主要是企业网络和开放式创新领域的研究，关注企业合作和联盟行为，活跃文献是拉贾拉（Rajala）发表在《欧洲营销期刊》（*European Journal of Marketing*）的《开放式创新中的战略柔性：为开源软件设计商业模式》，考察企业在开放环境中如何获取信息进而改善其商业模式。第四大聚类是新兴产业（Emerging industry），有 17 个聚类成员，关注新兴企业和企业绩效问题，活跃期刊是利伯恩（Leybourne）发表在《项目管理期刊》（*Project Management Journal*）上的《项目管理改进：二元型组织从流程到细微项目管理转变的证实》，关注二元性思想的借鉴对项目管理研究的改进。

综上所述，可以发现组织二元性的研究主要起源于组织学习领域，在企业创新、组织适应等领域受到了重视并有丰富的研究成果。同时也可以发现组织二元性研究虽然在战略管理和创新管理领域具有重要地位，但缺少与主流战略管理和创新理论的对话，理论的发展较为单一。综合高共被引文献和共引文聚类分析可以发现，组织二元性的研究主要包括二元性的概念内涵（聚类#0）、形成机制（聚类#0、聚类#1和聚类#2）和绩效影响（聚类#3）三方面的研究，为后续文献综述奠定了基础。从时间轴上来看，后两个聚类时间明显早于后两个聚类，且存在较多的连线，说明后两个聚类的研究是早期的基础，而前两个聚类是近来研究的重点和未来研究的基础，即组织二元性的研究正在从绩效影响向形成机制和概念内涵的深入理解转变。

（四）共词分析

本书采用 Citespace 开展关键词共词分析，以此识别组织二元性领域的热点问题。以关键词作为分析字节，选择 TOP 30 作为分析样本，Prunning 选择 pathfinder，聚类后名称命名选择 MI 标签，进而得出共词分析聚类结果如图 2-5 所示。

从图 2-5 中聚类标签可以发现，现有研究的核心关键词有：组织二元性（organizational ambidexterity）、探索（exploration）、利用（exploitation）、创新（innovation）、产品开发（product development）、前因（antecedent）和绩效（performance）等，可以发现组织二元性研究聚焦于产品创新领域，考察企业如何处理探索和利用活动的关系、组织二元性的前因和绩效等问题。从图 2-5 中也可以发现组织二元性研究的趋势和热点。除了核心关键词之外，我们发现知识（knowledge）、吸收能力（absorptive capacity）、动态能力（dynamic capability）、领导（leadership）、人力资源管理（human resource management）、变革型领导（transformational leadership）等词也有较高的频次，由此我们可以发现组织二元性研究的两个热点：（1）将组织二元性研究与主流战略管理、创新管理中的理论进行对接，强调组织二元性作为一种动态能力在企业发展中的作用；（2）从人力资源管理特别是高层管理者视角出发，研究组织二元性的微观形成机理。

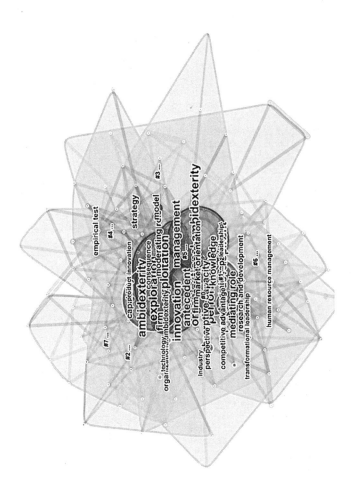

图 2 - 5　关键词聚类分析结果

综合以上文献计量分析，发现以下研究结论：

（1）组织二元性的研究在管理学领域具有重要影响，二元思维最早在组织学习领域提出，在组织变革、组织适应、技术创新和联盟组合等领域都有广泛的应用，对其进行深入研究具有重要的理论意义。组织发展不同领域和阶段面临不同的组织张力和冲突，二元平衡思想在企业发展不同领域和阶段的决策中均扮演重要角色，如组织学习领域关注企业探索式学习和利用式学习之间的差异，组织变革领域关注突破性变革和渐进性变革之间的冲突，联盟组织领域关注本地网络和跨界网络之间的矛盾，如何解决这些冲突和矛盾；企业初创发展阶段面临有限资源的约束，企业发展阶段面临短期利益与长期发展之间的矛盾，企业成熟阶段面临成熟产业与新兴业务之间的选择，企业如何权衡并保持张力是企业持续竞争优势的重要影响要素。

（2）从研究内容来看，主要包括概念内涵、绩效影响和形成机制三方面内容，与其他研究的结论基本一致。从词义上来看，二元指两种高度相关相互排斥的力量，组织二元性关注对两种冲突力量的应对和平衡，概念内涵相关的研究关注这一思想在特定领域的具体情境差异。绩效影响相关的实证分析已经非常丰富，结果也出现了较多差异，研究发现组织二元性对企业绩效存在正向影响、负向影响和无影响等结果，最新的研究采用元分析方法研究组织二元性与企业绩效之间的情境条件的影响。组织二元性形成机制的研究是文献计量分析中聚类最清晰的研究，也是较为新近的研究内容。

（3）从研究热点来看，对组织二元性的形成机制是近年来研究的重中之重，特别是基于高层管理者视角的微观基础研究，越来越多的研究者开始关注高层管理者的行为和认知等要素对组织实现二元平衡的作用，研究呈现从组织结构设计、管理情境构建和社会网络演化向深层的领导认知视角深化的趋势。此外，组织二元性的研究需要与主流战略管理理论进行对话，将组织二元性与企业能力和企业决策等有机结合，加强二元性研究的理论基础。

当然，本书研究以国外期刊论文为样本开展文献计量分析，追踪了组织二元性最新的研究动态，但对中国本土研究的适用性有待进一步的商榷，未来的研究可以国内研究论文为样本开展研究，比较、分析国内外组织二元性研究的异同及其产生原因。

二、组织二元性的概念内涵

（一）组织二元性

从词的本义来看，组织二元性（organizational ambidexterity）是指组织同时开展两项相互冲突活动的能力（Gibson，Birkinshaw，2004）。基于马奇（March，1991）提出的探索、利用分析框架，本书关注组织二元性在探索和利用活动之间平衡的能力，即高效开展利用活动同时积极推进探索活动的能力（Gibson，Birkinshaw，2008）。利用活动致力于改进企业现有能力，而探索活动旨在探索新的知识和机会，两者都对维持企业持续竞争优势至关重要，如何协调二者关系获取组织二元性成为组织研究和企业实践的关键问题（Lavie，Stettner，Tushman，2010）。

（二）组织二元性的研究领域

组织二元性的研究已经在组织学习、技术创新、组织适应、战略管理和组织设计等领域产生了重要的影响。在不同的研究领域，探索和利用活动都有不同的具体表现，但都表现出显著的冲突力量，协调两种冲突力量并借此获取竞争优势或高绩效的行为成为研究的重点（陈颖，2014）。对各领域的研究起源和主要研究进展进行梳理，结果如表2-5所示。

表 2 – 5   组织二元性的相关研究领域及进展

研究领域	奠基性研究	主要研究进展
组织学习	马奇（March，1991）提出组织学习中的探索和利用	• 单环学习和双环学习（Argyris，Schön，1978） • 涌现式学习和适应性学习（Senge，1991） • 同时注重本地搜索和跨地域跳跃搜索（Levinthal，1997） • 管理者通过自上而下、自下而上和水平的知识流同时提升探索式学习和利用式学习的水平（Mom，Bosch，Volberda，2007）
技术创新	塔什曼和安德森（Tushaman，Anderson，1986）提出渐进式创新和突破式创新	• 同时追求渐进式创新和突破式创新导致"能力—刚性悖论"（Tushman，Anderson，1986；Lin 等，2013） • 后续研究将技术创新分类为探索式创新和利用式创新（Danneels，2002；Tushman，Smith，2002；Jansen，Den Bosch，Volberda，2006）
组织适应	塔什曼和欧·瑞利（Tushman，O'Reilly，1996）：成功的组织在演化过程中同时追求调整和突破性转变	• 组织演化过程是长期的收敛过程伴随短期的不连续变化（Tushman，Romanelli，1985） • 组织适应需要关注平衡实现变革和维持日常运营的能力（Meyer，Stensaker，2006） • 效率和柔性（Adler，Goldoftas，Levine，1999） • 高层管理者带来组织的不连续变化，而中层管理者更容易通过平衡连续和变化推动组织适应（Huy，2002）
战略管理	伯格曼（Burgelman，1991）提出自主型战略和诱致型战略两种战略制定模式	• 自主型战略旨在减少变异，一般是基于现有的战略和知识；诱致型战略旨在增加变异，一般基于外部的知识，涉及新能力的创造（Burgelman，1991） • 市场探索和市场利用战略（Kyriakopoulos，Moorman，2004） • 组织二元性是一种动态能力（O'Reilly，Tushman，2008）
组织设计	伯恩斯和斯托克尔（Burns，Stalker，1961）提出机械式组织结构和有机式组织结构	• 组织情境的影响（Gibson，Birkinshaw，2004） • 动态的组织结构，同时关注短期的效率和长期的创新（Siggelkow，Levinthal，2003；Siggelkow，Levinthal，2005） • 组织结构分离（Jansen，2009；Burgers，Covin，2014）

资料来源：本书整理。

现有研究对探索活动和利用活动之间关系存在一些差异性的认识。马奇（March，1991）认为利用性活动和探索性活动是一个连续体的两端，两者在资源和组织需求上存在竞争和冲突，因此对利用性活动和探索性活动的取舍不可避免。一些学者遵从马奇的研究传统，关注企业在创新导向和探索导向之间的冲突和对稀缺资源的竞争，因此对组织二元性的研究关注如何在利用性活动和探索性活动之间获取适当的平衡点（Smith，Tushman，2005）。另外一些学者提出利用性活动和探索性活动是两种独立的活动，两者之间是正交关系，因此企业可以选择同时开展高水平的利用性活动和探索性活动（Gupta，Smith，Shalley，2006）。基于这一研究视角，组织二元性的研究关注如何同时获取高水平的利用性活动和探索性活动（Jansen，Bosch，Volberda，2006；Lubatkin，Simsek，Yan，2006）。

（三）组织二元性的测量

基于不同的研究基础，现有研究对探索和利用活动的测量也存在一些差异。不同领域对探索和利用活动的命名和概念内涵均有不同，采用的研究方法也不尽相同，具体内容见表 2 - 6。

表 2 - 6　　　　　　　　探索和利用活动的测量

领域	命名	概念内涵	研究方法
组织学习	探索式学习	通过协定的变异、有计划的实验和游戏等方式的学习方式	问卷调查：提出测量探索式学习和利用式学习的 8 个题项的量表（Schildt，Maula，Keil，2005；潘松挺，郑亚莉，2011）
	利用式学习	通过本地搜索、试验性改善和选择、在使用现有路径的学习方式	
技术创新	探索式创新	新产品市场领域的技术创新活动	问卷调查：采用"公司近三年来引入新一代产品"等四个题项来测量探索式创新，用"公司近三年来提高现存产品质量"等四个题项测量利用式创新（He，Wong，2004）；在此基础上进行了扩充，用 12 个题项来测量探索式创新和利用式创新（Jansen，2006；Lubatkin，2006）
	利用式创新	提高现有产品市场领域的地位的技术创新活动	

领域	命名	概念内涵	研究方法
组织适应	适应能力	快速重构商业单元活动以满足不断变化的任务环境的需求	问卷调查：提出分别以3个题项来测量适应和协同能力的量表，共6个题项（Gibson，Birkinshaw，2004）
	协同能力	在商业单元中保持所有活动模式的一致性	
战略管理	突破战略	在搜寻机会时承担风险，增加公司声誉和适应性	案例研究：对五个大型领导产品设计行业的二元性企业进行四年的跟踪调查，发现企业战略存在两种不同的导向，会对企业带来不同的影响（Andriopoulos，Lewis，2009）
	利润战略	重复顾客和效率的价值活动	
组织设计	柔性	柔性体现在企业的操作和战略活动中	案例研究：对NUMMI的案例研究，发现组织设计存在两种不同的导向（Adler，1999）
	效率	效率体现在实际日产量和计划日产量的比值中，比值越大，效率越高	

资料来源：本书整理。

现有研究对组织二元性的概念内涵存在两种不同的认识。一种认为获取二元性应当增强探索和利用的结合度，另一种认为获取二元性应当增强探索和利用的平衡度。前者关注了企业探索活动和利用活动的绝对强度，而后者关注两者的相对强度。何和王（He，Wong，2004）从战略匹配视角提出采用交互和平衡两种方式来测量组织二元性：（1）组织二元性定义为企业探索式创新和利用式创新都表现优秀，用两者得分的乘积来衡量，得分越大的企业越具有二元性；（2）组织二元性定义为企业探索式创新和利用式创新都表现平衡，用探索式创新和利用式创新两者得分差来衡量，得分越小的企业越具有二元性。有研究者提出组织二元性存在两个维度：结合二元性和平衡二元性（Cao，Gedajlovic，Zhang，2009）。

此外，也有研究提出以整合的观点测量组织二元性，以探索性活动和利用性活动之和代表组织二元性水平（Gibson，Birkinshaw，2004）。也有研究严格遵循马奇的研究，将组织二元性视为一个连续统一体，通过测量探索或利用活动，而将另一方隐含其中，如选择测量探索性活动，探索式的题项赋值为1，利用式的题项赋值为0，最后进行加权平均，其均值即为组织二元性水平（Stettner，Lavie，2014）。

保持较高的平衡二元性，也即探索性活动和利用性活动相对强度较为匹配，通过控制结构性绩效风险而有益于企业绩效。反之，探索性活动和利用性活动的不平衡会提高绩效风险从而不利于企业绩效（Levinthal，March，1993）。具体来看，当利用强度远超过探索强度时，企业能通过利用现有产品和市场获取短期收益，但容易出现路径依赖和能力刚性问题（Tushman，Anderson，1986；Christensen，Overdorf，2000）。相反，当企业过度强调探索而忽视利用时，企业无法保障稳定的收益，同时要承担探索和实验活动带来的成本，容易陷入收入危机甚至探索困境（Stettner，Lavie，2014）。因此，有效地保持探索和利用活动之间的平衡可以帮助企业保持较好的绩效水平。

结合二元性的概念基础，可以认为探索活动和利用活动之间并非"非此即彼"的竞争关系，正如古普塔（Gupta，2006）指出的，探索和利用可能发生在互补的领域，如市场和技术领域，两者并不存在资源竞争关系。探索过程与利用过程存在互相促进作用。利用程度较高的企业，对其现有资源和知识的功能理解更为深刻，有助于现有资源、知识与新能力的重构，可以提高企业探索新知识和开发产品或市场所需资源的有效性（Lavie，Stettner，Tushman，2010；Lavie，Kang，Rosenkopf，2013）。同样，在市场或技术领域的成功探索有助于企业在互补领域的利用行为。成功的探索可以提高现有利用行为的经济效益，企业通过探索将外部知识和资源内化，增加了利用活动的基础，有利于提高利用活动的有效性。因此，探索和利用活动结合能充分使用组织资源和能力，有助于两者互相促进，进而提升企业绩效（Cao，Gedajlovic，Zhang，2009）。

三、组织二元性的驱动因素

针对组织如何平衡和同步探索、利用活动，已有的研究给出了众多解释。一种观点认为，外包使探索或利用中的一项活动外部化，可以解决这一悖论（Baden-Fuller，Volberda，1997；Lavie，Rosenkopf，2006）；另一种观点认为通过一段时间的探索和一段时间的利用活动的时间循环，可以避免探索和利用之间的冲突（Eisenhardt，Brown，1998；Venkatraman，Lee，Iyer，2007）。这两种方法都通过在一定的时间内只从事一项活动而避免了同时开展探索和利用活动，不涉及解决两项活动之间的冲突问题，因此这两种方式不能视作组织二元性的驱动因素（Tushman，O'Reilly，1996）。

组织二元性需要企业在组织内部同时开展探索和利用活动，但也不仅仅是两项活动的同时呈现，两者应当是互相依赖和嵌入的，能够产生一定的协同效应（Floyd，Lane，2000）。现有的研究分别从结构视角、情境视角、领导视角和企业网络视角出发，考察组织二元性的形成（吴晓波，陈颖，2014）。

（一）结构视角

结构视角认为组织可以在不同的组织单元内开展不同的活动，也即通过结构分离或双重结构（dual structures）实现二元性（Jansen et al.，2009）。最近的研究认为当组织的一部分业务单元专注于探索活动而另一部分业务单元专注于利用活动时，企业表现出组织二元性。然而，在一个组织内部实行双重结构也可能导致结构孤立，单个业务单元难以与其他业务单元有效地进行耦合（Simsek，2009）。要实现组织二元性，不同的业务单元必须保持共同的战略意图、绝对的价值观和一套能够在不同业务单元间运用共享资产的结构联系机制（O'Reilly，Tushman，2011）。

（二）情境视角

基于行为视角的研究认为，组织二元性是随所处情境而变的，而个体是嵌入于这些情境当中的（Simsek，2009；王唯梁，谢小云，2015）。因此管理者的任务是创造一个情境，鼓励组织成员基于自身的判断将时间分配到探索和利用活动中去，探索和利用之间的矛盾可以在个体层面得到根本性的解决（Birkinshaw，Gibson，2004；Gibson，Birkinshaw，2004）。借鉴行为框架属性的研究，吉布森和伯金肖（Gibson，Birkinshaw，2004）将组织情境分为两个相互联系和互补的属性：绩效管理（performance management）和社会支持（social support）。绩效管理是弹性和纪律的结合，反映组织如何引导自愿追求更远大的目标和结果；社会支持是支持和信任的结合，反映确保员工在一个合作型工作环境中确立远大目标的必要性，引导员工互相支持和依赖，建立一个合作共赢的系统。两者的交互作用带来高绩效组织情境，进而带来组织二元性。

（三）领导视角

在结构视角和情境视角的基础上，学者们逐渐开始关注高管团队特征和过程，也即领导视角。领导视角关注高管团队或 CEO 在管理和解决所面临的冲突中的作用（Simsek，2009）。史密斯和塔什曼（Smith，Tushman，2005）认为领导二元性对组织绩效至关重要，通过悖论性认知来管理战略冲突，可以帮助企业实现二元性。高管团队行为整合通过战略决策周密性对组织双元性有显著的积极影响（刘鑫，蒋春燕，2015）。卢巴特金（Lubatkin，Simsek，Yan，2006）整合了高阶理论，关注高管团队行为整合的关键作用，认为行为整合的团队可以同步与合作行为、信息交换质量和联合决策制定有关的社会和任务过程，因此行为整合的高管团队可以自由、开放地进行知识交换、冲突解决和共享认识创造，进而促进组织二元性的提升。

（四）网络视角

以上方式均从组织内部探索组织二元性的实现方式，而缺乏对企业外部因素的考察。企业外部网络关系是一种有价值的资源，可以为企业带来异质性的资源和能力，帮助企业从外部获得发展所需的关键性资源（Yamakawa，Yang，Lin，2011）。基于这一认识，学者们开始探索组织间网络关系对组织二元性构建的影响。企业间战略联盟正是基于这样的出发点而建立的，企业通过与联盟伙伴之间交换探索或利用活动的成果，实现组织二元性（Lavie，Rosenkopf，2006；Lavie，Kang，Rosenkopf，2013）。组织间网络关系可以降低探索和利用活动之间冲突的资源竞争，但这并不意味着企业无须同时开展探索活动和利用活动。跨越组织边界的合作活动可以缓解组织内部的资源冲突，但组织仍有必要在内部同时开展探索和利用活动，无论企业知识是新的还是已有的，综合使用内部研发和外部研发对企业财务绩效和创新绩效更为有利（Rothaermel，Alexandre，2009）。使用外部网络实现组织二元性的关键在于对外部知识的吸收，因此在企业内部保持与外部网络匹配的探索或利用活动是必要的（Raisch et al.，2009）。

综合现有研究发现，通过结构分离、情境设计、领导行为和企业网络等机制均可以帮助实现企业组织二元性，这些机制从不同角度切入，各视角之间并不是互斥的，企业可以同时采用不同的机制实现组织二元性。

四、组织二元性的绩效影响

（一）组织二元性与企业绩效

企业面临快速发展的外部环境带来的机会和威胁，通过构建二元型组织，在利用原有优势和探索新的机会两个方面都能取得成功，是企业转型发展的重要手段（蔡宁，王节祥，杨大鹏，2015）。一般认为组织二元性可以帮助企业获得竞争优势，取得积极的绩效结果。企业保持组织二元性平衡，即探索性活动和利用性活动强度相匹配，能够控制结构性的绩效风险从而有利于企业绩效；反之，探索性活动和利用性活动的不平衡会提高绩效风险而不利于企业绩效（Levinthal，March，1993；杨雪，顾新，王元地，2015）。偏重于某一种创新方式可能导致能力刚性（Christensen，Overdorf，2000）或探索困境（张玉利，李乾文，2006，2009）。蒂斯（Teece，1986）认为企业的创新投入缺乏相应的计划来开展互补利用活动，将导致无效探索。从资源基础观来看，探索能力和利用能力对企业绩效都是有价值且稀缺的，而探索和利用的平衡是一种更为复杂的能力，这种能力具有明显的模糊性和复杂性，是其他企业难以模仿或其他能力难以替代的，可以为企业带来持续的竞争优势（Atuahene-Gima，2005；李忆，司有和，2008）。

然而，从实证结果来看，组织二元性与企业绩效的关系并未得到一致结论。从表2-7中可以发现，不同学者的数据来源、对绩效和组织二元性的衡量方式等都存在差异。

组织二元性对企业绩效影响研究的差异，可能源于从成本和收益两个不同视角去看待问题。认可组织二元性的积极作用的学者强调探索和利用活动的互补性，探索为利用带来新的知识基础，而利用则使企业更加了解自身的知识和资源，进而通过重构提高探索能力，关注二元平衡带来的收益（Lavie，Rosenkopf，2006；Raisch，Birkinshaw，2008；Cao，Gedajlovic，Zhang，2009）；而认为组织二元性对绩效存在负面影响的学者认为，通过结构分离、情境设计、领导行为或企业网络等方式可以解决资源竞争问题，但这些行为本身带来的成本不容忽视（Lavie，Rosenkopf，2006；Lavie，Stettner，Tushman，2010）。组织同时追求相互冲突的活动会导致组织内部的不一致性，组织内部协调存在风险，可能引发部门间冲突，加剧

表2－7　组织二元性与企业绩效关系研究

绩效影响	作者	研究样本来源	组织二元性的测量	企业绩效测量	调节变量
正向	卡蒂拉和阿胡贾（Katila, Ahuja, 2002）	欧美机器人制造业	以重复数与总引用值的比值作为搜索深度，以新引数与总引用的比值作为搜索广度，以两者乘积衡量二元性	创新绩效（新产品数量）	无
正向	何和王（He, Wong, 2004）	新加坡和马来西亚制造业	用8个题项测量探索式创新和利用式创新，以所有差异值的绝对值和乘积项衡量二元性	财务绩效（销售增长率）	无
正向	卢巴金等（Lubatkin et al., 2006）	美国科技服务业、建筑、制造业	用12个题项测量探索导向和利用导向，以所有得分综合测量二元导向	财务绩效（8个题项的量表）	无
正向	乌蒂拉等（Uotila et al., 2009）	美国制造业	内容分析法获取探索活动和利用活动的强度，以探索活动与利用活动的相对值衡量二元性	财务绩效（企业市值）	环境动态性
正向	曹等（Cao, Gedajlovic, Zhang, 2009）	中国生物制药、电子和软件行业	同阿和王（2004），用平衡和结合两个维度衡量组织二元性	财务绩效（7个题项的量表）	企业规模、资源丰裕度
正向	罗瑟米尔和亚历山大（Rothaermel, Alexandre, 2009）	美国制造业	用已有知识和新知识分别表征利利和探索，以两者乘积衡量二元性	创新绩效（专利数据）	吸收能力

36

第二章 文 献 综 述

续表

绩效影响	作者	研究样本来源	组织二元性的测量	企业绩效测量	调节变量
正向	王凤彬等 (2012)	中国制造业、软件业等行业	同卢巴金等 (2006)，采用探索和利用式创新活动的差值的绝对值衡量组织二元性	长期绩效（市场占有率）和短期绩效（销售增长率）	无
正向	王和拉菲克 (Wang, Rafiq, 2014)	中美电子、ICT和生命科学产业	10个题项测量探索和利用能力，以两者乘积项测量组织二元性	创新绩效（8个题项的量表）	无
负向	阿图亚涅-吉美 (Atuahene-Gima, 2005)	中国电子信息制造业	10个题项测量探索和利用能力，以两者乘积项测量组织二元性	创新绩效（4个题项的量表）	无
负向	林等 (Lin et al., 2007)	美国制造、计算机、食品等行业	以新伙伴比例作为探索指数，探索指数小于0.2至0.8之间，具有探索二元性，否则就不认为联盟具有二元性	财务绩效（销售收入）	环境动态性、企业规模和企业网络
负向	山川等 (Yamakawa et al., 2011)	美国医药、电脑、钢铁、食品等行业	以当年新形成的探索式联盟和利用式联盟数量差值衡量	财务绩效（ROA）	企业规模、企业战略、产业增长
不显著	基里亚科普洛萨和摩尔曼 (Kyriakopoulosa, Moorman, 2004)	荷兰食品加工行业	以14个题项的量表测量市场探索和市场利用战略	财务绩效（5个题项的量表）	市场导向

续表

绩效影响	作者	研究样本来源	组织二元性的测量	企业绩效测量	调节变量
不显著	埃本和约翰逊（Ebben, Johnson, 2005）	美国制造业	以8个题项的量表测量效率或柔性，处于中间状态的视为二元性	财务绩效（资产回报率、投资回报率）	无
不显著*	王业静和曾德明（2013）	中国生物医药、机械设备等行业	同何和王（2004），用平衡和结合两个维度衡量组织二元性	财务绩效（销售增长率）	高管团队异质性

* 单独用平衡或结合维度衡量组织二元性对绩效结果不显著，两个维度结合衡量组织二元性的结果显著。

资料来源：本书整理。

资源竞争，削弱甚至抵消探索与利用互补带来的好处。联盟组合的研究中，发现这些协调成本的增加，会显著降低企业的市场价值和净利润（Lavie，Kang，Rosenkopf，2013）。在企业资源和能力有限的情况下，探索水平和利用水平都处于相对较低的状态，企业处于消极的低能平衡状态时，企业容易陷入"卡在中间"的困境，探索和利用活动都表现一般，导致企业绩效不佳。

（二）基于权变理论的组织二元性绩效关系研究

权变理论作为一个独立的管理学派，其理论内容自然会涉及管理理论研究的各个方面。唐纳森（Donaldson，2001）对关于权变理论的研究做过详尽的综述。他围绕三类问题进行了综述。

（1）权变变量与组织结构的关系，如规模与结构之间的关系或技术与结构之间的关系（Blau，Schoenherr，1971；Child，Mansfield，1972；Van de Ven，Ferry，1980）。

（2）权变变量如何影响组织结构，如战略改变导致怎样的结构变化，以及人物变化带来怎样的协调模式的改变等（Van de Ven，Delbecq，Koenig，1976；Chandler，1990）。

（3）结构与环境的适应性如何影响绩效，比如，是否环境与组织特性越匹配，组织的绩效越高（Khandwalla，1974）。

从表2－8中可以发现，组织二元性对绩效的影响受到多种因素的影响。有研究发现，组织二元性对绩效的影响不显著，只有在特定情境下才能体现出二元性优势（Kyriakopoulos，Moorman，2004；Menguc，Auh，2008），因此组织二元性的绩效影响研究很有必要考察其权变因素。权变理论学派将组织视为开放的系统，故其对组织结构的研究是从内部决定因素和外部决定因素两方面展开的，以下对这两方面分别进行讨论，其中内部因素包括企业自身资源因素、能力和战略导向等，外部因素包括环境因素和网络关系等。

表 2 - 8 组织二元性绩效影响的权变因素

权变因素		调节作用
内部因素	资源因素	资源丰裕度（Jansen, Bosch, Volberda, 2006）、企业规模（Cao, Simsek, Zhang, 2009）、资源竞争（De Clercq, Thongpapanl, Dimov, 2013）和资源相关性（Jansen, Simsek, Cao, 2012）都对组织二元性和企业绩效关系有显著的正向调节作用
	吸收能力	罗瑟米尔和亚历山大（Rothaermel, Alexandre, 2009）认为吸收能力有助于企业识别、筛选和内化外部环境中的知识，因而企业吸收能力正向调节组织二元性与绩效关系
	市场导向	基里亚科普洛萨和摩尔曼（Kyriakopoulosa, Moorman, 2004）发现市场导向越高，组织二元性对绩效的促进作用越强
	企业战略	孟加克和奥赫（Menguc, Auh, 2008）研究发现当企业实施先行者战略时，市场导向越高，组织二元性对绩效的促进作用越强；但当企业实施防御者战略时，结果相反
	高管团队异质性	王业静和曾德明（2013）研究发现 TMT 异质性正向调节平衡二元性与组织绩效的关系
外部因素	环境因素	组织二元性在动荡环境中更有利于企业财务绩效（Uotila et al., 2009; Lichtenthaler, Muethel, 2012; Demirkan, Demirkan, 2014）
	产业因素	组织二元性在制造业中对企业绩效有积极作用，而在服务业中不存在（Blindenbach-Briessen, Jan van den Ende, 2006）在高产业增长条件下，企业提高探索比例有助于企业绩效，也即组织二元性对企业绩效有负向影响（Yamakawa et al., 2009）
	网络因素	网络密度和结构洞数量分别存在正向和负向的调节作用（Lin, Yang, Demirkan, 2007）

资料来源：本书整理。

第二节 管理认知研究

本节综述管理认知相关研究，首先介绍管理认知研究的基础——高阶理论的基本思想和理论进展，在此基础上系统梳理管理认知的概念内涵及其对企业战略决策的影响，基于实证研究所采用的方法总结管理认知的测量方式。

一、管理认知的重要性：高阶理论

（一）理论起源

针对以往的研究中企业高层管理者是同质的、完全理性的、追求效能最大化这一假设的不足，高阶理论（upper echelons theory）认为不仅企业外部环境和自身资源等因素会影响企业战略行为和企业绩效，高层管理者也是重要的影响因素。高层管理者本身存在异质性且受到有限理性的限制，不同高层管理者在相同的条件下也会做出不同的战略决策，进而影响企业绩效。高阶理论的核心是高层管理者会对其所面临的情景和选择做出高度个性化的诠释，并以此为基础采取行动，及高层管理人员在行为中注入了大量自身所具有的经验、性格和价值观等特征。某种程度上来看，这些行为非常重要，能够决定战略的形成或影响他人的行动，组织因而成为高层管理人员的反映（Hambrick，Mason，1984）。企业高管会把自身的行为因素带入到企业的战略决策过程中，这些行为因素包括认知基础（cognitive base）和价值观，对企业高管感知环境以及反应起到了"筛子"的作用，影响高管对环境的感知，进而影响企业战略和绩效。企业高管价值观和认知基础的作用如图 2-6 所示。

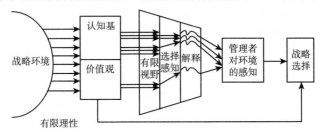

图 2-6 有限理性下的战略选择：高管诠释的现实

资料来源：文献研究（Hambrick and Mason，1984；Finkelstein and Hambrick，1996）。

现有高阶理论的研究主要集中在两个方面：一是关注高管团队背景的集体特征，包括高管团队的年龄、性别、任期、教育背景和工作履历等，主要是关注高管团队特征的平均水平；二是关注高管团队特征上的差异性，基于人口统计学的分析，考察高管团队特征的异质性、多样性对企业战略和成长的影响（Wiersema，Bantel，1992）。以高阶理论为基础的研究，主要关注高管团队的特征如何影响企业的战略选择进而影响企业绩效或成长，研究框架如图2-7所示（Finkelstein，Hambrick，1990；Hambrick，2007）。

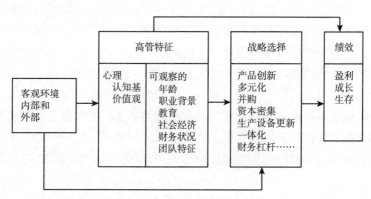

图2-7　高阶理论的研究框架

资料来源：哈姆布里克的相关研究（Hambrick，2007）。

基于以上两种对高管特征的关注，高阶理论又分为三个研究视角（徐梦周，2010）。

（1）信息—决策视角。该视角的前提假设是高管的决策依赖于其所获得的信息，因此为了使决策的质量更高，高管团队应该努力提升获取信息的质量。在此视角下，高管团队规模也成了获取信息的一个重要因素，规模越大，获取的信息资源就越丰富（贺远琼，田志龙，陈昀，2008；马富萍，郭晓川，2010）。此外，教育水平和职业经理人经历也会影响高管团队信息的获取（Wiersema，Bantel，1992；Tihanyi，2000）。

（2）创新视角。高管团队的差异会使企业对创新的态度产生差异，进而影响企业创新战略的选择和创新能力。韦雷马和班特尔（Wierema，Bantel，1992）的研究发现，高管团队平均年龄越低，企业实施创新的意愿越高，马富萍和郭晓川（2010）的研究发现高管团队异质性较高的企业创新性较强。此外，教育背景和职业经理也会影响企业创新能力。

（3）团队冲突视角。随着高管团队规模的增大，企业内部的冲突不断升级，冲突会对企业的发展产生深远的影响。布恩等（Boone et al.，2004）研究发现，高管团队异质性的提高提升团队的沟通成本，进而增加工作中发生冲突的可能性，对工作和决策效率产生负面影响，甚至破坏团队的稳定性。

（二）管理自主权

哈姆布里克提出的高阶理论之后提出了若干改进，其一是引入管理自主权（managerial discretion），用以调解高阶理论与新制度理论（new institutional theory）和种群生态学（population ecology theory）等关注企业外部社会规范或内部组织惯例的理论之间的冲突。哈姆布里克和芬克尔斯坦（Hambrick，Finkelstein，1987）认为两种理论观点都是具有一定的客观性的，但管理者和其他因素的相对重要性受到管理自主权的影响，当管理自主权比较大时，高层管理者对战略决策等其他效应和企业绩效的影响比较明显，而当管理自主权较小时，高层管理者对企业战略决策和企业绩效的影响则非常有限（Finkelstein，Hambrick，1990）。

1. 概念内涵

管理自主权（managerial discretion）也称为自由裁量权、管理决断权、经理自主权或管理自由度。现有文献从契约理论、战略管理、感知理论和经理主义理论等视角对管理自主权展开了研究，提出了不同的解读（如表 2–9 所示）。

表2－9   管理自主权的概念内涵

理论视角	主要贡献者	概念内涵	主要贡献	不足之处
战略管理	芬克尔斯坦和哈姆布里克（Finkelstein，Hambrick，1990），芬克尔斯坦和博伊德（Finkelstein，Boyd，1998）	是高层管理者与利益相关团体之间就其行为合理性进行反复博弈的过程中形成的自主行为空间	从战略的视角明确提出管理自主权的概念，明确了其测量方法和前因，统一了战略选择理论和种群生态学对高管—绩效影响的争论，建立了管理自主权的研究框架	更关注环境因素的影响，对管理决策本身的研究不够深入
感知理论	卡彭特和戈尔登（Carpenter，Golden，1997）	是高层管理者所感知的授权行为空间	从高层管理者的感知视角对管理自主权进行定义和测量，认为外界清洁因素对自主权的影响固然重要，但实际对战略决策和绩效的影响来自高层管理者感知的自主权	测量易受到研究对象影响；通过感知视角而忽视行业、环境等，得到的结果不够有效
经理主义理论	威廉姆森（Williamson，1964）	是管理者以个人效用最大化为目标管理和控制企业资源及其自身人力资本的能力	提出所有权和控制权分离；发现并承认管理者目标与其他利益相关者目标的差异；发现有限理性对企业高层管理者的决策存在影响，以此解释管理自主权产生的基础	过度考虑高层管理者的自利动机，主要从其负面效应进行考察，忽略了管理自主权的贡献
契约理论	比蒂和扎伊克（Beatty，Zajac，1994），扎伊克和韦斯特（Zajac，West，1994）	指经理对公司经营决策活动的实际影响程度，是高层管理者对法定权力、契约权力和非契约影响力的综合	将管理自主权这一概念引入公司治理研究领域，将高层管理者视为企业种种契约的核心，对管理自主权的界定不局限于组织所授予的合法权利，其边界、空间和大小都是其他利益各方博弈的结果	认为高层管理者是所有契约集合的中心，而实际并非所有契约都需要高层管理者参与决策

资料来源：本书整理。

2. 测量方法

管理自主权的测量存在多种方法。一是直接评估方法，主要通过对经营活动中的审批权限、董事会中提议事项的通过率和管理者日常工作记录等客观、直接反映管理自主权的数据来测量。二是访谈（问卷）评估方法，通过对管理者或相关专家的访谈和问卷进行测量，主要包括管理者自评、专家和其他人员（包括管理者和下属员工）他评及两者结合三种途径。三是实验模拟法，通过实验设计模拟管理决策过程，考察管理自主权的差异和原因，情景模拟实验可以控制决策背景，但实验设计和控制的难度较大，外部有效性可能受到质疑。四是代理变量法，采用客观数据作为代理变量进行测量，包括行业和组织两个层面的多重数据指标。目前最常用的主要是代理变量法和访谈（问卷）评估法。

（1）代理变量法。代理变量法的测量基于管理自主权的影响因素而开展，包括行业层面和企业层面的影响因素。其中行业层面的代理变量主要有产品差异化程度、市场成长性、资本密集程度、管制程度、广告强度、研发强度等（Finkelstein，Hambrick，1990；Hambrick，Geletkanycz，Fredrickson，1993），或基于以上指标构建综合性指标（Haleblian，Finkelstein，1993；井润田，2009）。以上测量方式主要关注行业层面的差异，然而在同一行业内的不同企业也存在很多差异，因此从组织层面寻找代理变量能够更加准确地测量管理自主权。组织层面的代理变量主要有组织特征（包括企业年龄、规模、无形资产、两职兼任等）、企业性质、高管政治连带、高管薪酬等（Jiatao，Tang，2010；连燕玲等，2015）。李有根等国内学者系统梳理国内外学者的研究后，将管理自主权划分为职位权、薪酬权和经营权进行测量（李有根，2002；李有根，赵西萍，2004；张长征，李怀祖，2008）。也有学者提出将以上指标进行综合，取其正态标准值的均值来测量管理自主权（Dong，Gou，2010；苏文兵，徐东辉，梁迎弟，2011）。

（2）访谈（问卷）评估法。相比代理变量法，访谈（问卷）

评估法能够更准确地测量管理自主权。访谈（问卷）评估法主要有三种途径。一是管理者自评。以往的研究发现，通过问卷开发测量管理自主权，管理自主权与个体内外控、组织伦理文化等因素显著相关（Carpenter，Golden，1997；Key，1997）。国内学者亦基于中国情境开发了管理自主权的测量量表，王世权和牛建波（2009）从投资决策、产品销售和人力资源管理三个维度构建指标体系，张长征和胡利利（2011）从专家声望权、资源运作权和结构职位权三方面对比当前自主权水平与同行业、历史和期望水平。二是他评。与直接询问公司高管不同，一些学者通过对专家学者和其他相关人员的访谈获取他们对管理自主权的评价。如运用董事会秘书的评价计算得出相关公司的自主权（Chang，Wong，2006），采用公司管理者和其他熟悉公司运作情况的员工的评价（王丽敏等，2010），采用专家学者对国家层面的管理自主权评价（Crossland，Hambrick，2011）。三是自评与他评结合。综合以上问卷（访谈）测评方法，为了获得更全面客观的管理自主权数据，哈姆布里克和亚伯拉罕森（Hambrick，Abrahamson，1995）通过专家小组和管理者的评价测量管理自主权，张三保和张志学（2012）通过调查问卷获得了专家学者和企业高管两方面的数据，结合自评和他评测量管理自主权。

（三）行动一致性

行动一致性（Behavioral Integration，也称为行为整合）的提出是哈姆布里克对高阶理论的另一个改进。行动一致性是指一个群体内部所存在的相互之间集体互动的程度，有三个主要元素：信息交换、协作行动和集体决策（Hambrick，Nadler，Tushman，1998）。与管理自主权类似，行动一致性也会影响高层管理者对企业战略决策和绩效等效应的影响。哈姆布里克等（Hambrick，Nadler，Tush-man，1998）认为缺乏行动一致性会带来一系列成本的提高，包括：（1）潜在的规模经济无法实现；（2）不同业务中的品牌和市场定位协调效率低下；（3）业务单元不能交换关键经验和信息；（4）重大环境变化下的战略决策转换速度慢。

哈姆布里克（Hambrick，1994）认为高管团队行动一致性主要包括三个过程要素。第一，信息交换，即高管团队内部成员之间真实地表达自己的观点和看法，充分共享相关的决策信息。行动一致性程度高的团队，高管成员可以充分地表达不同的意见，在信息交换的数量和质量（包括充分性、及时性、准确性）方面都比较高。第二，协作行动，即高管团队成员之间自愿自发地互帮互助的行为，而不是基于权力等级的服从或表面融洽而背后钩心斗角的关系，是团队成员之间基于团队和整体发展而开展的合作行为。第三，集体决策，即团队成员清楚自身行动与团队中其他成员的行动的关联性，能够深刻理解所面对问题的整体性，并通过频繁的互动讨论了解其他成员的期望，在此基础上做出全面的集体决策。这三个过程要素相互依赖、相互强化，又互相不可分割，是团队行动一致性的重要组成要素。

高管团队行动一致性对组织流程和绩效结果的影响已受到广泛的研究。哈姆布里克等（Hambrick，Nadler，Tushman，1998）研究发现行动一致性能强化高管团队通过整合知识和洞见来创造核心能力、相应市场需求和开发全球化战略。穆尼和索南费尔德（Mooney，Sonnenfeld，2001）研究发现行动一致性与情感和认知冲突存在负向联系。李和张（Li，Zhang，2002）发现产业增长和市场化与行动一致性正相关，而行动一致性可以有效促进企业产品创新强度。卡尔梅利（Carmeli，2008）对服务行业企业的研究发现行动一致性与企业绩效的正向关系。卡尔梅利和肖布鲁克（Carmeli，Schaubroeck，2007）发现行动一致性对面对快速、不可预测的变化的团队具有重要作用。李和哈姆布里克（Li，Hambrick，2005）则从反面着手研究行动不一致性对绩效的影响，通过对合资企业的研究发现行动不一致性对企业绩效有负向影响。卢巴特金等（Lubatkin，Simsek，Yan，2006）的研究关注了行动一致性与企业双元战略导向的关系，通过对中小企业样本的研究发现，高管团队行动一致性能有效地提升企业构建双元组织的能力。

在哈姆布里克等（Hambrick，Nadler，Tushman，1998）的基础上，希姆塞克（Simsek，2005）提出9个题项的量表对行动一致性进行测量，其研究结果支持了三个维度的划分。姚振华和孙海法（2009）基于中国情境的研究，提出沟通频率是行动一致性的一个重要方面，并编制了包括决策参与、开放沟通和团队合作三个维度的测量量表，实证证明量表具有较高的信度和效度。古家军等（2016）对前人研究进行局部修改，提出行动一致性包括信息交换、合作行为、有效沟通和联合决策四个维度，其中有效沟通是指能清晰地对战略任务进行表达，团队成员能够准确地理解他人传递的信息，具体包括团队沟通的开放度和满意度、团队互动的频率和团队沟通的非正式形式。综合来看，行动一致性强调各个维度之间的互补和整合关系，并不是各个维度之间的加总而已。

行动一致性的前因研究。哈姆布里克（Hambrick，1994）的奠基性论文中也从个人层面、团队层面和企业层面三方面提出了影响高管团队行动一致性的因素，在此之后有大量的实证研究从不同的方面研究了行动一致性的前因影响因素，具体如表2-10所示。

表2-10　　　　　　行动一致性前因的实证研究

研究者	影响因素	主要结论
史密斯和斯卡利（Smith，Scully，1994）	人口统计学特征	高管团队人口统计学特征会显著影响高管团队成员之间的非正式沟通和沟通频率
苏特克利夫（Sutcliffe，1994）	人口统计学特征	年龄异质性、职业背景异质性会降低高管团队成员行动一致性（凝聚力、内部合作和交流）
埃尔龙（Elron，1997）	文化认知异质性	文化认知异质性会降低高管团队行动一致性

研究者	影响因素	主要结论
艾德蒙森等（Edmonson, Roberto, Watkins, 2003）	高管团队权力分布	当权力高度集中时，团队成员缺乏主动分享信息的动机，会降低高管团队行动一致性
希姆塞克等（Simsek, Veiga, Lubatkin, 2005）	个人层面、团队层面和企业层面三方面	个体层面：CEO 集体主义导向、CEO 任期正向影响行动一致性；团队层面：目标偏好多样性、教育背景多样性和团队规模负向影响行动一致性；企业层面：绩效和企业规模负向影响行动一致性
希姆塞克等（Simsek et al., 2009）	变革型领导	CEO 变革型领导与高管团队行动一致性正相关
李和哈姆布里克（Li, Hambrick, 2005）	高管团队冲突	高管团队内情感冲突正向影响高管团队行动不一致性，任务冲突的影响不显著
伍莹（2008）	所有制形式	所有制形式对信息共享影响不显著，在相互协作和共同决策方面国有企业和民营企业显著高于外企
姚振华和孙海法（2010），姚振华和孙海法（2009）	所有制形式和企业发展阶段	所有制形式的差异在开放沟通和共同决策两个维度影响不显著，而外企高管团队在团队合作上显著低于党政机关、国有企业和民营企业。在企业初创期、成长期、成熟期和衰退期四个阶段，高管团队的合作水平呈倒"U"形变化，而共同决策和开放沟通都呈下降趋势
逢晓霞等（2012）	CEO 领导风格	变革型领导对高管团队行动一致性有正向影响，交易型领导的影响不显著，权威型领导的权威维度负向影响高管团队行动一致性，而仁慈和德行维度有正向影响

资料来源：本书整理。

二、管理认知的概念内涵和研究进展

人口统计学特征等可观察的变量在给研究带来便利的同时，也存在一定的不足，相比于一些心理因素变量而言，使用人口统计学特征作为高层管理者心理变量的代理变量对高层管理者的描述不够全面和准确。因此越来越多的研究开始关注高层管理者的心理因素，特别是强调高层管理者的认知对企业战略决策和企业绩效的影响。高阶理论（Hambrick，Mason，1984）和战略选择理论（Child，Mansfield，1972）都认为高层管理者发挥着将企业相关的信息进行整合并解释的作用。

（一）概念内涵：静态和动态视角

近年来，管理认知越来越被认为是战略管理研究领域的一个重要视角，受到了越来越多战略管理学者的重视。管理认知（也称认知图式）是指高层管理者在进行战略决策时所采用的一组知识结构，这组知识结构是在长期的企业管理和运营过程中逐渐形成的，受到高层管理者的经验和对特定事物的理解的影响（Narayanan，Zane，Kemmerer，2011）。现有的研究中，管理认知可以从静态和动态两个视角进行考察，其中静态视角关注管理认知的知识结构特征，动态视角关注管理认知的解释过程特征。

从认知结构出发，现有研究用复杂性（complexity）和专注性（focus）两个维度来描述管理者的知识结构和整体特征（Nadkarni，Narayanan，2007）。其中，专注性是指企业战略决策者的知识结构围绕几个核心概念而建构起来（Eden，Ackermann，Cropper，1992）；复杂性的测量通常包括管理者的知识结构的差异性（conprehensiveness）和一体性（connectedness），差异性是指管理者知识结构中战略、环境、组织和绩效等不同概念的多元化程度，一体性指这些概念之间联系的紧密程度（Walsh，1995）。但不能简单地认为专注性是复杂性的对立面，不能认为专注性越高就说明企业战略决策者的知识面越狭窄，两者的关注重点并不一样（吴东，2011）。专注性关注知识结构的深度，专注性高说明管理者知识结构中对某些概念的理解和运用较为深入，而复杂性关注知识结构的广度，复杂性越高说明管理者的知识面很广且可以将这些不同的知识融合加以运用（尚航标，李卫宁，2015）。

从认知过程来看，将管理者认知划分为注意力焦点和因果逻辑（或意义建构）两个维度，注意力焦点（attention focus）属于管理者对外界信息的扫描环节，而因果逻辑（causal logic）属于管理者的信息解释环节（Nadkarni，Barr，2008）。对于注意力的理解有两种不同的观点：一种观点关注内容，认为注意力是与决策相关的众多刺激因素中占据决策者意识的那个刺激因素（Fiske，Taylor，1991）；另一种观点关注过程，认为注意力配置是指决策者把自己有限的信息处理能力配置给予决策相关的刺激因素的过程，包括对刺激因素的关注、编码、解释和聚焦（Sproull，1984）。现有的实证研究中，采用第一种观点的居多，通常采用文本分析方法获取相关数据，进而计算与某一概念相关的关键词出现的频次来度量决策者的注意力焦点（Kaplan，2008；Eggers，Kaplan，2009；Tuggle，Bierman，2010）。因果逻辑则是企业决策者感知到的概念之间的因果关系（尚航标，黄培伦，2010），是企业制定决策的主要基础，因而会对战略决策的制定、理解和传播产生深远的影响（Fiske，Taylor，1991；Huff，1992）。

（二）研究进展：认知的战略决策作用

战略管理的认知视角是基于行为决策理论（behavioral decision theory，BDT）发展而来的，对理性分析模型进行补充并详细分析管理者认知与战略诊断以及战略决策制定的关系（Dutton，Fahey，

Narayanan，1983；Schwenk，1984）。认知的作用被认为如同"战略家的大脑"（Ohmae，1982），作用重要性显而易见。胡夫（Huff，1990）、沃尔什（Walsh，1995）和纳拉扬等（Narayanan，Zane，Kemmerer，2011）对管理者认知的综述提供了一个全面而系统的研究框架，为后续研究开展奠定了基础。此外，明茨伯格（Mintzberg，2005）在对战略管理流派的划分中也认为认知学派是一个独立的研究流派，认为管理者认知是沟通较为客观的设计学派、计划学派、定位学派、企业家学派和较为主观的学习学派、权力学派、环境学派、构造学派的一座桥梁。

在之后的发展中，一大批学者通过理论研究和实证分析等方式推动和丰富了战略管理认知观的发展（Hutzschenreuter，Kleindienst，2006；Wrona，Ladwig，Gunnesch，2013；武亚军，2013），从多个层面对管理者认知展开了研究。

（1）个体层面。个体层面的研究关注企业高层管理者，尤其是CEO的特征，主要的研究问题是高管个体在特定战略情境下的个人经历、性格、经验和认知（包括认知结构和认知过程）等对企业战略选择和绩效结果的影响（Child，Mansfield，1972）。

（2）团队层面。团队层面的研究是对个体层面研究的深化，关注高管团队集体，不同的个体组合使他们的知识结构也聚合在一起，出现集体性的知识结构，团队层面的管理认知是团队成员协调的结果。由于高管团队成员的认知结构和认知过程各不相同，已有的研究致力于解决这个集合性的问题，并认为引入情景因素和社会化影响过程对团队思维结构和形成过程的解释非常重要（Chattopadhyay，1999；Thomas，Porac，2002）。

（3）组织层面。组织层面的研究将组织作为一个整体，关注起所表现出来的心智和思想等，也即组织"共享图式"（Walsh，1995）。组织层面的管理认知对组织具有正、反两方面的影响：积极的作用表现在组织的共享图式可以保证组织在快速变化的环境中保持组织行为的连贯性；而消极的作用体现在认知的偏差可能导致企业行为的偏差、忽视潜在的竞争风险和信息，从而产生战略盲点（Reger，Huff，1993）。尚航标等（2014）在研究中发现，个体、团队和组织层面的认知并不存在嵌套关系，特别是在一些新创企业和 CEO 高度集权的企业，高管团队层面和组织层面的认知实际上是高管个体认知的集中反映。

（4）行业层面。行业层面的研究关注竞争者识别如何导致战略群体的出现和管理者认知如何影响行业形成（Reger，Huff，1993；Garud，Rappa，1994）。管理认知的个体、团队、组织和行业层面相互影响、相辅相成，并不存在互斥效应。

现有的研究聚焦于以下研究问题：组织的认知结构和认知过程是如何形成的，组织的认知特征如何影响组织的战略制定（包括公司和业务层战略），组织的认知结构和认知特征如何影响企业战略规划等。纳拉扬等（Narayanan，Zane，Kemmerer，2011）全面、系统地总结现有关于管理认知的研究，构建了一个战略认知研究框架，包括管理者认知的前因、管理者认知及其内部关系和管理者认知的影响，框架如图 2-8 所示。

三、管理认知与企业战略决策

自管理者认知的作用受到广泛认可以后，一大批学者在"认知—行为"研究范式的指导下，开展了大量的实证研究来探讨管理者认知对企业战略行为的影响，包括企业动态能力构建、战略反应速度、战略变革和创新战略等（尚航标，李卫宁，2015）。考察这些战略行为对企业绩效的影响，将管理者认知与企业绩效相联系，将研究范式扩展为"认知—行为—绩效"（杨俊，张玉利，刘依冉，2015）。本书将部分实证研究结果总结如表 2-11 所示。

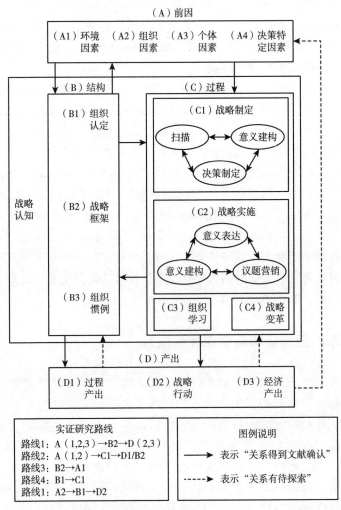

图 2-8　管理认知研究的整合框架

资料来源：相关研究（Narayanan，Zane，Kemmerer，2011）。

表 2-11　　　　　管理认知与企业战略决策关系研究

作者	管理者认知	战略决策	主要结论
纳德卡尼和佩雷斯（Nadkarni, Perez, 2007）	高管心智复杂性	早期国际化承诺	本土资源和本土活动的复杂性提升高管心智复杂性，进而提升早期国际化承诺
亚达夫等（Yadav et al., 2007）	高管对未来、外部和内部三个领域的注意力聚焦情况	企业技术创新	高管对未来关注越多，技术观察速度、开发速度和应用广度越大；对外部环境的关注越多，则技术观察速度和开发速度越大；对内部环境的关注越多，不利于提升观察速度，但有利于开发速度
纳德卡尼和巴尔（Nadkarni, Barr, 2008）	注意力配置和因果逻辑	战略反应速度	高管注意力焦点和因果逻辑在产业速率和战略反应速度关系中起到中介作用
埃格斯和卡普兰（Eggers, Kaplan, 2009）	CEO 对光纤技术发展的注意力	新市场进入实际的选择	CEO 注意力配置会影响企业进入新市场的实际，并且对组织导向与进入时机的关系起调节作用
格鲍尔（Gebauer, 2009）	注意力焦点、情景注意力	服务导向战略、企业绩效	注意力焦点正向调节竞争强度、顾客期望与服务导向战略间关系，而情景注意力正向调节服务导向战略与企业绩效的关系
马塞尔（Marcel, Barr, Duhaime, 2015）	市场攻击与绩效的因果关系判断	企业的报复取向	管理者对企业市场供给行为的战略重要性越认可，则企业采取报复行为的可能性越大，报复的速度也越快
邓少军（2010）	认知柔性和认知复杂性	动态能力	高管认知的柔性和认知的复杂性对企业资源配置的多样性和变化度有促进作用
普兰贝克（Plambeck, 2012）	管理者对突发事件的负面解释	新产品创新程度	企业战略和企业资源都会对管理者的负面解释产生负面影响，同时负面解释会抑制企业创新

续表

作者	管理者认知	战略决策	主要结论
尚航标和黄培伦（2010）	认知结构的集中性和复杂性	战略反应速度和动态能力	知识结构复杂性越高，战略反应速度越快，动态能力越强；知识结构集中性越高，战略反应速度越慢，动态能力越弱
刘等（Liu et al., 2013）	外部环境的机会解释和威胁解释	外部知识搜索策略	管理者对外部环境的机会解释促进企业知识搜索的深度和广度，威胁解释会降低知识搜索的深度

从表 2 - 11 可以看出，目前关于管理者认知结构的研究集中关注了其对企业能力构建行为的影响（邓少军，2010；尚航标，2010）。而关于管理者认知过程的研究，一是关注高管注意力焦点配置的研究，认为战略决策者对某方面内容的注意力配置会影响其反应速度和方式，如对新技术发展的关注会影响企业的市场进入、战略投资和反应速度等，管理者对不同类型信息的关注也会导致企业战略行为的差异，特别是战略变革、战略反应和企业创新等；二是关注管理者解释的研究，探讨了其对企业战略行为（如知识搜索、创新、战略报复等）和绩效的影响（邓少军，2010）。

认知心理学研究表明，在个体积累了足够的经验以后，其大脑的深层认知结构就会自动影响其决策行为（Krueger，2007）。米切尔等（Mitchell，Smith，Seawright，2000）基于创业企业的研究发现，管理者认知与企业决策之间存在着紧密联系，个体决策大多是在无意识的深层认知结构驱动下自动完成的。动态环境下，战略决策者的认知具有稳定性和情境依赖性，体现出模式性的特征，因此管理认知也称为认知图式、认知模式、心智模式等（Walsh，1995）。管理者的这种认知模式是经过长期经营活动所形成的，对事物根深蒂固的信念、假设和概括等，是一种思维和行为上的习惯。纳德卡尼和巴尔（Nadkarni，Barr，2008）认为管理认知的形成大概需要 10 年的时间。管理认知的形成受到管理者所处的环境、个人信念和企业绩效的持续反馈的影响,是对企业以往而非当下的环境的一种嵌入,但却影响着企业当下和未来的决策行为。

邓少军和芮明杰(2009)总结相关文献,认为管理者认知作用于企业决策有以下几种模式。

(1)类推模式。类推模式是指战略决策者根据自己熟悉的情境处理新问题的认知模式(Gavetti,2005)。

(2)心智试验模式。心智试验模式是指战略决策者依靠其现有的演绎和归纳认知推理,提出假设来解释已知的事实,进而推导出最贴近认知结构的解释(Farjoun,2008)。

(3)解释模式。解释模式是指战略决策者通过以往的经验、直觉,就某一个问题勾勒出心智草图,并利用这个心智草图来指导行动(芮明杰,邓少军,2009)。

(4)认同模式。认同模式强调组织认同对企业战略决策的影响。组织认同是指组织成员及外部利益相关者关于组织核心概念具有相同感知(邓少军,2010),组织认同对企业战略决策产生约束作用,使组织成员倾向于按照与组织认同一致的方式来关注和解释外部事件,并以此行动逻辑进行决策。

以上四种认知模式都强调了管理者认知的认知特性对企业战略决策的影响,由此可以看出与完全理性的决策模式的差异之处,有限理性下的战略决策是基于现有管理认知结构,而非理性的精确计算的。

四、管理认知的测量

通过对以上实证分析的总结发现,管理认知的测量存在多种方式,管理认知结构和认知过程的测量方式因其概念内涵的差异也存在较大的差异。

（一）管理认知结构的测量

在战略认知领域，由于认知结构的测量具有较好的可操作性，因而也受到了较多关注（Narayanan，Zane，Kemmerer，2011）。认知结构主要是管理者的知识结构，现有研究主要采用四种方式进行测量。

（1）基于企业年报、公开演讲材料和高管访谈等材料，手工绘制高管认知地图，进而计算其复杂性和专注性等结构特点（Nadkarni，Barr，2007；邓少军，2010）。这种方法需要对分析材料进行深入阅读，构建不同事件之间的关系，进而获取概念之间的关系，手工编码需要多人对比和反复校对，需要耗费大量的人力和时间，但结果的可靠性较高（Hodgkinson，1999；Nadkarni，Narayanan，2008）。

（2）基于公开的年报数据进行词频计算，通过对比特定词汇出现频率，确定高管认知的差异和关注点（Levy，2005；Kabanoff，Brown，2008）。这种方法可以通过计算机程序快速实现，但其准确度受到了较大质疑，特别是扎根理论的研究者认为基于词汇出现频率与其背后概念重要程度的关系是有待进一步考证的（Corbin，Strauss，1990；吴东，2011）。

（3）基于问卷调查获取相关数据（Stimpert，Duhaime，1997）。

（4）通过个人构念积储格（repertory grid）获取认知结构数据（Spencer，Peyrefitte，Churchman，2003）。后两种方法操作较为复杂，且数据的可靠性也有待进一步研究，在实证研究中采用较少。

（二）管理认知过程测量

管理认知过程主要考察高层管理者的战略解释（Dutton，Jackson，1987）。主要通过问卷测量高管对某一战略问题的解释，分为机会解释和威胁解释。主要分为两个步骤，第一步需对特定的战略问题进行解释，明确战略解释的目标，当战略问题具有较为广泛的影响时也可省略这一步骤；第二步由管理者进行问卷回答，通过一系列问题的填答获取机会解释和威胁解释的数据（Barr，Glynn，2004；Liu，Chen，Kittilaksanawong，2013）。也有研究基于文本进行编码，识别管理者的机会或威胁解释（Chattopadhyay，Glick，Huber，2001）。

第三节 理论评述

上述成果为进一步研究企业二元型组织构建的前因和绩效影响奠定了良好的基础。组织二元性研究的基本框架，即"前因—组织二元性—绩效"可以为本书的研究提供基本的研究框架；社会网络理论关于网络构建的研究，特别是操作化测度，将为本书研究提供方法论基础；管理学对认知等微观机制的重视和认知理论的已有成果，将为本书研究提供理论根源。但现有相关研究在下列方面有待进一步展开和深化。

（1）组织二元性对组织绩效的研究存在不一致的研究结论。现有的研究通过引入不同层面的调节变量，发现在不同的权变条件下，二元性对绩效的作用存在差异，可以部分解释以上不一致关系的存在，但对组织二元性仅仅进行了单一维度的研究，且组织二元性的测量方式尚存在一些争议，以探索利用的平衡程度来衡量忽视了高能平衡与低能平衡的差异，需要对组织二元性的概念内涵进行重新解读，确定组织二元性的不同维度并确定维度的测量标准。

（2）组织二元性的前因研究不够深入。企业面临快速发展的外部环境带来的机会和威胁，通过构建二元型组织，在利用原有优势和探索新的机会两方面都能取得成功，是企业转型发展的重要手段。然而目前关于组织二元性的前因研究中，仅从理论上关注了结构、情境、领导和网络四个方面的因素，少有实证研究解释"组织二元性从何而来"的问题，缺乏对二元型组织构建机制的深入探究。本书将从对企业战略具有决定性作用的管理者认知出发，考察企业高层的认知结构和认知过程对企业二元型组织构建的影响，并基于企业网络视角揭示管理者认知对企业二元型组织构建的作用机理。

（3）对管理认知的考察局限于高管特征和静态视角。现有的认知研究发现了管理者认知形成和发展的阶段性特征，但由于数据获取和刻画的困难，目前的研究偏重于考察静态的认知结构或管理者个人特质，对认知的动态过程的考察还处在起步阶段。有关管理者认知对组织二元性和企业绩效影响的研究大多限于两者的相关关系，其具体作用机理尚不明晰。本书将基于理论推演和案例归纳，构建起管理者认知、组织二元性与企业绩效组织之间的逻辑关联，从而建立起微观认知与企业战略之间的勾连。

第三章

组织二元性的认知基础研究：
探索式案例分析

第二章的文献与理论回顾为本书奠定了良好的理论基础，明确了本书的核心概念——组织二元性和管理认知的概念内涵。本章将围绕"管理认知如何影响组织二元性""组织二元性的概念内涵和具体表现"两个问题，借助三家案例企业的材料，开展探索式案例研究，通过案例间比较分析，进一步厘清组织二元性的概念内涵，构建关于管理认知与组织二元性关系的理论框架。

第一节　案例选择和数据收集

本部分介绍选择案例研究方法进行理论建构的理由，并对案例选择、数据收集和数据分析方法进行介绍，为后续理论探讨奠定方法基础。案例研究方法是管理学和社会科学研究中常用的研究方法。案例研究论文在学术期刊特别是国内外的顶级期刊上的发表数量和论文的影响力正在逐年增长，如默尔曼尼（Murmann，2014）统计发现，美国管理学会会刊（AMJ）1992年总共发表47篇论文中，其中案例研究只有一篇，占比仅为2%，而到2013年这一占比提升到了20%，绝对数量由1篇提升到14篇，甚至预测10年后案例和质性研究可能占到全部研究的50%。随着大量学者对案例研究方法的关注，大量优秀的案例研究论文不断涌出，而案例研究方法也得到不断完善（Eisenhardt，1989；Eisenhardt，Graebner，2007）。针对以往学界提出的案例研究方法缺乏外部效度、主观影响过大、结论真实性不够的问题，艾森哈特、陈晓萍等学者通过案例研究方法的改进，极大地改变了这一局面（陈晓萍，徐淑英，樊景立，2008）。陈晓萍（2008）提出，案例研究者可以通过系统地搜集资料、谨慎研究判读、严谨解读分析，并将研究设计、过程与研究问题匹配，以此提高研究的效度和信度（具体见表3－1）。案例研究方法受到热捧与其本身特点有关，相比于定量研究方法，案例研究更适合回答需要回答"怎么样（How）"和"为什么（Why）"的问题，关注的重心是当前现实生活背景下的实际问题，因此案例研究有更强的时效性、更接地气（毛基业，李高勇，2014；毛基业，苏芳，2016）。本书关注企业如何构建二元型组织、管理认知如何影响组织二元性等研究问题，需要打开复杂现象的内部过程和背后机理，因此适合采用案例研究方法。

表3－1　　　　　　　提高案例研究信度与效度的策略

检验标准	案例研究策略	策略运用
构建构念效度	使用多方来源的证据	资料搜集
	建立证据链	资料搜集
	由关键信息提供者复核研究报告初稿	资料分析
构建内部效度	类型匹配	资料分析
	解释构建	资料分析，研究设计
	时间序列分析	资料分析
构建外部效度	案例复制	研究设计
	分析类推	资料分析
构建信度	案例研究计划	研究设计，资料搜集
	构建案例研究资料库	资料搜集、分析

资料来源：相关研究（应国瑞，2003；陈晓萍，2008）。

案例研究方法具有多种分类方法。罗伯特·殷（Yin，1994）将案例研究划分为探索性（exploratory）案例研究、描述性（descriptive）案例研究和因果性（causal）案例研究。其中，探索性案例研究适用于对个案特性、问题性质、研究假设和研究工具等尚不明确的条件，通过初步研究清晰界定研究问题和研究假设，为正式研究提供基础。描述性案例研究是在对案例特性和研究问题已有初步了解基础上，对案例进行更仔细、深入的描述和说明，进而提升对研究问题的理解。因果性案例则是要刻画现象中的因果关系，揭示不同现象之间的关系。目前学术界对案例研究大多开展的是因果性案例研究，只是研究质量的差异导致部分案例研究演变为探索性和描述性研究（欧阳桃花，2004）。大量论文中采用"探索性案例研究"的表述，实际所指却与罗伯特·殷的分类不同，其探索性案例研究仍是希望发现因果关系，只是相关细化的实证模型，这一案例研究属于研究探索阶段（归纳—演绎全循环研究的前半段）。

对案例研究方法更重要的一个划分是理论验证和理论建构两种范式。艾森哈特（Eisenhardt，1989）认为案例研究更适合开展理论建构，而罗伯特·殷（Yin，1994）则认为案例研究既可以开展理论建构，也可以开展理论验证研究。学界对此形成的共识是案例研究在理论建构上具有独特优势（Bluhm，2011；张霞，毛基业，2012）。本书研究是在明确了初步问题情况下，希望对相应现象开展现实考察，以便明晰研究现象内部的初步因果关联，因此采用理论建构式案例研究是合适的。理论建构式案例研究方法要求不进行理论预设，只在明确研究问题的基础上，对相应基础理论做初步梳理。

此外，案例研究也可以划分为单案例研究和多案例研究。单案例研究设计适用于以下三种情况：（1）批判性案例，旨在通过特殊案例挑战或验证已有理论；（2）特殊性案例，旨在通过对具有独特性的案例深入解读，构建新的理论模式或扩大已有理论的类推能力；（3）补充性案例，是指已有研究可能存在一些未观察到的现象或因素，通过新现象、新因素的补充，弥补现有研究的不足之处。而多案例研究设计更像是多项实验，可以通过条件控制而获得更为有力的研究结论，可以探讨不同情境条件下的研究结论差异，但是相比单案例研究需要更多的时间和精力投入。相对于单案例研究，多案例研究更为复杂，案例选择阶段需要关注所选择案例之间的关联性，不能随意拼凑案例；案例分析阶段要关注、分析案例间的异同之处，通过研究主题对比、多方证据比较，互相对比分析进而形成更有信服力的理论和研究命题。总之，多案例研究可以确认某些研究结论的普遍性，所构建的构念间关系更加严谨，且能促进研究者针对研究问题开展更为广泛的探索和思考，因此，多案例研究所建立的理论更为严谨、一般化和可验证（Eisenhardt，Graebner，2007）。

本书关注管理认知如何影响企业获取组织二元性。组织二元性涉及企业内外部复杂的战略行为，关注企业如何平衡探索和利用活动，而管理认知是企业高层管理者深层次的知识结构和对战略问题的思考过程，本书需要打开复杂现象的内部过程和背后机理，因此适合采用多案例研究方法来构建理论框架。

一、案例选择

单案例研究所选案例要有特殊性和代表性，而多案例研究更重视不同案例之间的比较和共同验证，整体而言通过多案例研究建立的理论可以获得更为概化和可证伪的命题，因此本部分案例研究采取多案例方法。在案例选择上遵照理论抽样方式，一方面需要选择较为极端、有代表性的案例，有利于更加深入地开展理论建构；另一方面需要选择条件相似的案例，以期在不同案例间形成可比较内容，获得更为普适性的研究结论。两者结合所选取的案例就能够更好地为理论发展做出贡献（Eisenhardt，Graebner，2007）。本部分案例分析选择了如表 3 - 2 所示的 3 个企业案例，主要基于如下考虑。（1）案例典型性。所选择的企业包括两家制造业企业和两家服务业企业，均具有典型的二元型组织的特点，能较好地处理探索活动和利用活动之间的矛盾进而获取组织二元性，结合案例初步了解发现，这三家企业的高层管理者的认知特点对组织二元性有重要的影响，符合本书所关注的研究问题。（2）多案例间差异组合。制造业企业与服务业企业的探索和利用活动存在不同的特点，制造业企业的探索和利用活动更侧重于技术创新，而服务业企业的探索和利用活动更侧重于商业模式创新；差异之间的组合，有利于跨案例比较分析，进而揭示案例内的因果联系。（3）数据可获得性。案例研究不同于大样本实证分析，需要实地访谈和深度资料收集，因而数据获取的便捷性和成本十分重要。为了获取更多的案例资料，所选择案例符合以下一个或多个条件：企业位于作者所在城市，能够获取到较多的一手资料；上市公司，公开的二手资料较为丰富；与作者所在研究所有咨询合作关系，能够开展深度的调研活动。

表 3 - 2 案例企业基本信息

案例企业	成立时间	行业类型	企业所在地
浙报传媒	2001 年	传媒业	浙江杭州
山鹰纸业	1999 年	造纸业	上海
恒逸石化	1996 年	石化产业	浙江杭州

资料来源：作者根据调研企业信息整理。

二、数据收集

本书主要采用几种数据源的收集方法：深度访谈、档案和年报资料、媒体公开信息、已有文献研究和网站公开资料等方法。本书在数据收集过程中遵循罗伯特·殷（Yin，1994）、苏敬勤和刘静

（2013）的建议：一是从多种证据来源收集资料，二是建立案例资料库，以期增加本书的效度与信度。因此，本书遵循以上原则进行相关数据的收集，数据收集涵盖一手访谈资料、二手资料和参与式观察等三个主要方面，具体如表 3 - 3 所示。

表 3 - 3　　　　　　　　　案例企业数据收集

案例企业	一手资料	二手资料
浙报传媒	借助咨询项目访谈公司中高层领导（2014 年 1 月至 4 月）；新媒体业务负责人（2014 年 5 月至 6 月）；公司中层补充调研（2016 年 3 月）	公司财务年报、行业研究报告、网站资料、文献资料、书籍董事长公开演讲和其他高层管理者的公开讲话和论文
山鹰纸业	公司高层领导、中层管理干部、子公司领导访谈和部分员工访谈（2015 年 9 月至 12 月）；山鹰战略创新与资本运作项目讨论（2016 年 1 月）	公司财务年报、行业研究报告、网站资料、文献资料、书籍董事长年度工作会议讲话和战略分析
恒逸石化	公司中层访谈（2016 年 12 月）；公司战略投资副总裁访谈（2017 年 2 月）	公司财务年报、行业研究报告、网站资料、文献资料、书籍董事长接受访谈记录、年度工作会议讲话和战略分析

资料来源：作者根据调研企业信息整理。

首先，以二手资料为先导，主要涵盖公司的财务年报、招股说明书、行业研究报告、文献和媒体资料等方面，建立对案例企业的初步了解。其次，在初步认识的基础上，设计访谈提纲，利用社会网络关系和相关横向课题机会，对案例企业开展实地或线上访谈（邮件和微信等）。考虑到数据收集的充分和完整，每家企业都进行了多次调研，且每次调研间尽量间隔一段时间，以保证观察的稳健性。最后，对所获信息进行整理和补充调研，特别是当二手资料与调研所获信息存在差异时，本书遵循"二手资料服从一手资料"

的原则，就某些不明确的问题进行补充调研和沟通确认，对所需信息进行补充、整理和核对，进而建立案例资料证据链。

三、案例分析方法

本书涉及管理认知、企业战略行为及两者之间关系的研究，因此需要先对管理认知和组织二元性进行刻画，进而探讨两者之间的关系。管理者的认知结构需要通过认知地图进行分析，这一方法已在认知研究领域受到广泛应用，且被证实可以将隐性、复杂的知识显性化（Huff，1992；张凌，2011）。因此本书可以采用认知地图法分析管理者或高管团队关于战略和企业发展等主题的讲话，提炼管理认知特点。

认知地图分析包括以下五个步骤（Calori，Johnson，Sarnin，1994；倪旭东，张钢，2008）：（1）选择合适的分析素材，主要包括管理者的公开演讲、内部讲话、访谈资料和上市公司年报中的管理层分析与讨论部分；（2）对资料进行初步分析，将原始材料转换为认知地图中可以表达的变量（Variables）和变量间关系（Links）；（3）用箭头表示变量之间的影响关系，将变量和变量间关系在一张图上进行展示，得到初步的认知地图；（4）重新阅读或补充阅读材料，对认知地图进行验证和修正；（5）认知地图分析，需要考虑一般特性分析、影响因素和被影响因素分析、回路分析（Loops Analysis），进而探讨认知内容、过程和认知结构所包含的核心概念、主导逻辑等。

在运用认知地图识别管理认知特点的基础上，本书将对原始文档、访谈资料和相关的文献、书籍进行内容分析和事件分析。通过对以上资料的仔细研读，找出企业战略发展过程中反映技术发展、战略意图、所面临的矛盾的字眼，包括"目标""愿景""创新""复杂""矛盾""冲突""悖论""平衡""协同""困境""兼顾""同时""一方面……另一方面"等。在识别关键语句的基础上，找出企业战略中面临的矛盾点所在，并依次分析各个矛盾是如何解决的，即企业获取组织二元性的过程。

通过刻画三个案例的管理认知和组织二元性，本书进一步开展跨案例对比分析，通过对相同或相反的内容对比提炼关键构念的不同维度，得出初步的研究假设。在此基础上，与文献和已有理论进行对比，根据需要再返回案例数据进行分析，如此循环往复，直到理论与案例数据之间达到高度匹配，能够构建稳定性较高的研究结论，确定本书的研究框架。

本部分将对三个案例开展具体的分析。基于现有研究的分析框架，本书将首先分析三家案例企业的组织二元性情况，即企业是如何平衡探索活动和利用活动的，具体包括二元问题的具体维度、对应的解决办法和解决成效，在此基础上探索管理认知的作用。遵循罗伯特·殷所强调的"复制逻辑"，每个案例都遵循识别要素（what）、关系建立（how）、解释逻辑（why）的思路，采用内容分析技术，进行逐一复制研究。

组织二元性关注企业如何平衡并协同探索和利用活动，推动企业获取竞争优势。二元平衡并非指企业开展同等强度的探索和利用活动，也不是基于妥协而将资源均等分配导致的低能平衡，而是在两者都处于较高水平下，达到适应环境和组织战略的平衡并能有效发挥协同效应的状态（Lavie，Stettner，Tushman，2010）。事实上，企业获取组织二元性的过程是非常复杂的，包括战略目标二元性、组织结构二元性和技术知识二元性，其中探索活动关注企业的长远目标、组织结构的灵活和技术知识的突破创新，而利用活动关注企业的短期目标、组织结构的有效性和技术知识的强化应用。企业通过同时关注长期目标和短期目标、灵活性和效率、突破创新和强化应用，解决三对矛盾中的张力，而获取组织二元性。因此本书将从战略目标、组织结构和技术知识三个维度来刻画组织二元性。为了更好地理解二元悖论及其相互关系，本书先分别阐述矛盾的两面，进而解释如何解决两者之间的悖论（Poole，Ven，1989）。

管理认知分析可以从结构和过程两个维度开展，结构是静态维度而过程是动态维度，两者是相互独立又相互影响的关系。认知解释是以当前的知识结构为基础的，而对新信息的分析和吸纳也会改变管理者的认知结构。

结构维度是指管理者的知识结构的特征，包括知识结构的复杂性和专注性，具体可以通过认知地图方法进行表征，通过对认知地图进行分析可以发现其主要的战略思维和认知的结构（包括复杂性和专注性）。

过程维度是指管理者构建知识结构的过程，包括扫描和战略解释两个环节。其中，扫描可以用扫描的范围和扫描的核心内容进行衡量。扫描范围与管理者认知结构的复杂性相关，扫描范围越广，认知结构的复杂性越高。扫描内容即为管理者注意力焦点，一般分为内部焦点和外部焦点，外部焦点指企业所处的宏观环境、技术环境、政治环境和竞争关系；内部焦点指企业的组织结构、资源配置、管理制度和沟通渠道等。

战略解释即对管理者所关注的外部环境的解释，一般分为机会解释和威胁解释，也有研究提出管理者的思维并非单一线性的，提出用矛盾性解释来刻画同时存在两种冲突性解释的情况。战略解释对企业战略决策和绩效结果有直接影响，因此本书对管理认知过程的考察主要关注战略解释。

第二节　浙报传媒：全媒体发展战略

一、企业简介

浙报传媒集团股份有限公司（以下简称浙报传媒）所负责运营的传媒业务是浙江日报报业集团的主营业务，公司于 2011 年 9

月在上交所借壳白猫股份上市，是中国报业集团中第一家媒体经营性资产整体上市的公司。浙报传媒是浙报集团中与报业相关的传媒经营和投资产业剥离成立的，核心业务包括传媒业经营、投资等，上市公司目前包括《浙江日报》《钱江晚报》等超过 35 家媒体和边锋网络平台，拥有 600 万读者资源和 5000 多万活跃用户，产业规模居全国同行业前列。浙报传媒坚持"传媒控制资本，资本壮大传媒"的发展理念，明确"以用户为中心，建设新闻传媒、数字娱乐、智慧服务三大平台"的战略，营收和利润保持较快增长，市值居沪深两市传媒板块前列。浙报传媒的主要发展历程如图 3 - 1 所示，本书以浙报传媒为分析对象，由于其是从浙报集团独立上市的，因此也包括部分上市前已经存在的业务和集团内与上市公司业务关联度较大的业务。

二、战略发展与组织二元性

基于以上梳理，可以发现浙报传媒的发展主要经历了三个阶段：战略探索期、战略成长期和战略成熟期。

第一阶段：战略探索期。浙报集团成立浙报传媒是传媒业向互联网转型发展探索的起点，通过与淘宝、腾讯等互联网企业的合作，浙报传媒不断加深对互联网的理解。如中高层访谈过程中指出，互联网时代用户数据是企业发展的关键和基础，需要有一定的积累用户积累才能考虑更长远的发展，过早开发用户价值等于扼杀。这一阶段浙报传媒主要开展了以下战略行动：（1）传统纸媒全面网络化，构建媒体数据库，通过会员登记、新媒体平台数据导入等方式将已有用户数据系统化；（2）基于用户数据的扩展，收购上海浩方和杭州边锋网络公司 100% 的股权，获取两家公司所拥有的 3 亿注册用户和 2000 余万活跃用户；（3）积极利用企业品牌和政府合作资源，探索新媒体发展路径，提升用户体验和满意度，增加用户的活跃度和黏性。

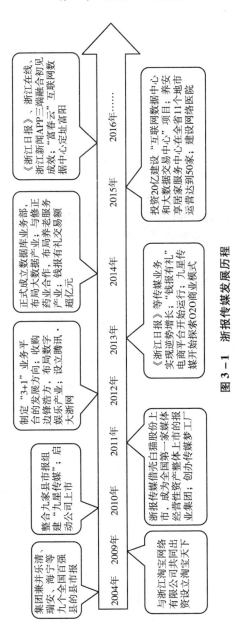

图 3 - 1　浙报传媒发展历程

2004年　集团兼并乐清、海宁等瑞安、海宁等九个全国百强县市的县市报

2009年　与浙江淘宝网络有限公司共同出资设立全国第一家媒体上市的报业集团

2010年　整合九家县市报组建"九星传媒"；启动公司上市

2011年　浙报传媒借壳白猫股份上市，成为全国第一家媒体经营性资产整体上市的报业集团；创办传媒梦工厂

2012年　制定"3+1"业务平台的发展方向；收购边锋浩方，布局数字娱乐产业；设立腾讯大浙网

2013年　《浙江日报》等传媒业务实现逆势增长；"钱报有礼"电商平台开始运行；九星传媒开始探索O2O商业模式

2014年　正式成立数据库业务部、布局大数据产业；与修正药业合作，布局养老服务产业；钱报有礼交易额超亿元

2015年　投资20亿建设"互联网数据中心"项目；养安和大数据交易中心享居家服务中心在全省11个地市运营中心达到50家；建设网络医院

2016年……《浙江日报》、浙江在线、浙江新闻APP三端融合初见成效；"富春云"互联网数据中心定址富阳

71

第二阶段：战略成长期。在认识到互联网时代下用户数据的重要性之后，浙报传媒致力于系统化地服务用户、吸引用户、集聚用户，以用户作为内容创新的评价标准和媒体运营的目标。这一阶段的战略动作有：（1）在上市公司设立数据库业务部，专门负责各业务板块数据库建设和技术支持，广泛吸收具有阿里、腾讯等企业经验的技术人才；（2）在初始用户数据积累的基础上，试水进入电商领域并进行用户导流，开发了"钱报有礼"小而美电商服务平台、"购房宝"垂直房地产服务平台和县市报 O2O 生活服务平台等；（3）在内容建设有成效的基础上，加快业务之间的用户转化，如通过游戏用户数据分析匹配，针对性地推送新闻资讯；向新闻资讯用户提供本地生活服务和旅游、购物、养老等服务。通过以上战略行动，浙报传媒的用户数据建设得到长足的进步，用户数量和用户活跃度显著提升，不同业务之间的用户转化初现成效，有效推进浙报传媒在传媒和互联网行业的融合发展。

第三阶段：战略成熟期。在不断强化用户数据库建设的同时，浙报传媒开始摸索出较为成熟的发展模式，不断追求不同业务模块之间的协同效应，构建互联网枢纽型企业。这一阶段的战略动作有：（1）加强大数据和云计算产业的建设，浙江大数据交易中心落户浙江省桐乡市，"富春云"互联网数据中心定址富阳，互联网发展的基础得到质的提升，为后续发展奠定基础；（2）通过"浙江新闻"等核心平台接入口，引入新闻资讯之外的医疗、游戏、电商、生活服务等各种服务，发挥纸媒端、PC 端和移动端的协同效应；（3）以东方星空产业投资公司为载体，基于传媒产业发展趋势进行多点布局，先后投资了"百分点""铁血科技"等与公司战略一致性、互补性较强的企业，其中百分点是中国领先的大数据技术与应用服务商，铁血科技是围绕"铁血"这一军事历史品牌发展起来的垂直电商平台。

在产业融合背景下，浙报传媒不断调整发展战略，从早期的加快全国市场布局、全媒体多元形态融合发展到打造新闻资讯和互动娱乐多条产业线，再到加快互联网转型，最终明确了"以用户为核心的全媒体发展战略"，构建新闻传媒、互动娱乐和"O2O"商业服务三大平台。其中新闻传媒是以传统纸媒为主体，推进互联网化转型，打造现代数字媒体产品矩阵，提升媒体影响力。互动娱乐以杭州边锋网络技术有限公司的休闲娱乐游戏为核心，结合浩方游戏玩家平台，打造数字娱乐产业链。O2O商业服务则是以公司下属纸媒为基础，突破其单一的广告盈利模式，探索服务互联网特质的新型传媒运营模式，形成"报纸、网络、服务"一体化的O2O模式。浙报传媒在产业融合背景下，提出以用户为核心的全媒体发展战略，具体而言是以新闻资讯平台为基础，逐步构建互动娱乐和商业服务平台。

正如浙报传媒董事长所言："媒体融合看起来是一个矛盾，但是打开来是N个矛盾，必须时刻紧跟时代变化，不断调整节奏，不断解决问题，不断抵近媒体融合的彼岸。"浙报发展过程中面临着政府和市场的双重制度压力，承担着经济发展和社会效益两大战略目标，同时要均衡媒体发展和新业务拓展，相应的组织结构和人力资源管理也需要进行调整，其二元型组织构建过程充满了挑战（见表3-4）。

表3-4　　　　浙报传媒发展过程中的二元矛盾问题分析

焦点问题	二元矛盾	举例
战略目标设定	短期利益	贴近互联网，以资本为驱动的浙报传媒迎来了转型红利。浙报传媒，在纸媒普遍下滑的情况下净利逆势大增，得益于依托传统优势，转型成果初现
	长期利益	通过浙报集团各大平台数据的融合，浙报传媒将在互联网拥有5000万级规模固定活跃用户，把新闻、游戏、资讯、生活服务等用户信息都连接起来，探索"新闻+服务"的商业模式，使浙报传媒成为互联网枢纽型传媒集团

焦点问题	二元矛盾	举例
组织结构设计	关注效率	上市之前，全集团进行"采编经营分离"，将采编业务留在集团公司，将各媒体经营性资产剥离出来，分别组建媒体经营公司，公司依托媒体统筹运用媒体资源，独立开展经营
	关注灵活性	推动内部孵化，鼓励内部创业，学习借鉴互联网公司人员管理体系，通过传媒梦工厂等给内部员工搭建创新的平台，并建立岗位设置和绩效考核等一系列措施保障体制机制的灵活性
知识库建设	强化相似知识	要推动主流媒体和新兴媒体融合，基础工程是获取用户，所以花了大量的人力、物力建设自己的用户数据库，这是浙报传媒的核心竞争力 既要看用户规模、用户活跃度，更要看内容原创和精品生产能力，只有拥有强大的内容生产能力才能在互联网领域团结最多的用户 并购边锋浩方，最看重的不是其盈利能力，而是它拥有的3亿注册用户和2000万的活跃用户，用户获取和转化是浙报传媒转型的关键
	吸收互补知识	坚持媒体融合最核心的是人的融合，最关键的是人的转变。投资2000万扶持20个由采编人员开发的新媒体，由这些人才试水互联网，将其学习的知识在内部进行传播 要做互联网转型，不是"传媒+互联网"，而是两者融合，以传媒为基础发展互联网；互联网的发展要助力传媒主业的发展，以互联网手段改进传媒竞争能力

资料来源：作者根据调研企业信息整理。

（一）多重战略目标的平衡

浙报传媒的发展面临多重制度压力，因此其战略目标的制定兼顾长短期利益的同时也要兼顾经济效益和社会效益。首先，浙报战略步骤存在明显的长、短期目标差异，短期以现金流入为主，而长期以实现互联网和传媒业的融合和协同为主。浙报在努力获取资金利益的时候都兼顾了长期的战略目标，如收购边锋浩方以其稳定的利润回报和庞大的用户群体为基本考量，大量的资金也投入到大数据和云计算平台构建上，而这些都是传媒业和互联网融合的基础。此外，浙报传媒的战略目标存在经济效益和社会效益双重目标。一方面，浙报传媒肩负舆论引导、主流价值观传播等责任，要积极抢占舆论地位，发挥社会效益；另一方面，在纸媒日渐凋零的时代，固守本业只是等死，必须开拓纸媒之外的其他业务，通过其他业务盈利来提升传统媒体业务，但是作为政府喉舌浙报传媒需要树立良好的社会形象，过度涉足商业活动对其形象和合法性有损。

（二）组织运行效率和灵活性的平衡

浙报传媒的组织设计除了需要兼顾效率和灵活性之外，还受到其脱胎于国有企业所带来的制度压力和管理惯性的影响。一方面，浙报传媒由浙报集团独立而成，其员工均由原来的事业单位改制而来，组织结构和管理制度都是采纳原有的管理模式，不能适应公司互联网转型的战略目标，企业管理效率低下；另一方面，事业单位管理模式下，企业创新行为不受鼓励，且办事审批流程冗长，而互联网时代要求企业能快速响应，因此导致企业管理灵活性不足。针对以上矛盾，浙报传媒选择逐步推行，提升管理效率。首先，将与采编业务相关的资产归浙报集团管理，而广告、发行等报刊经营性业务归口上市公司，舍弃体现意识形态、管制力度较大的模块而保留市场化运作可能性较大的业务，可以最大限度降低国有控股带来的僵化管理影响；其次，强化内部人才管理和外部人才引进，浙报传媒借助外部咨询公司梳理上市公司的战略和人才发展、管控模式，并在此基础上开展人才盘点项目，确定适应于互联网发展的人才评价标准，基于人才评价模型对内部员工进行盘点，找出可用之才，并广开招聘之路，吸引优秀人才；最后，浙报传媒先后组建传媒梦工厂和新媒体中心，组建独立的团队研究、探索互联网技术，给予较大的资金支持，创办全国新媒体创新大赛，吸收外部的媒体创新案例，同时鼓励内部创业，学习借鉴互联网公司人员管理体系，建立 P 序列岗位设置和绩效考核等一系列措施。

（三）相似知识强化和互补知识吸收的平衡

浙报传媒的战略中不断强调以用户为中心，向互联网枢纽型传媒集团发展，由此可以发现其在知识库建设上的两个主要矛盾。

一是新老用户之间的矛盾，原有的媒体用户和边锋浩方的用户需求差异明显，背后的矛盾来自两个群体的年龄、文化差异，如何整合不同用户群体的数据并进行针对性的用户解读和营销是浙报发展的重点。针对此问题，浙报传媒与 2013 年在集团层面成立数据库业务部，专门负责业务融合过程中不同平台间的用户数据库建设。由数据库业务部提供技术，配合各个业务经营单元开展用户数据收集、分析和应用。"数据库建设是互联网发展的一个核心问题，有了数据库，就有了吸引商家的法宝！"

二是传媒主业和互联网行业差异造成的矛盾，两个行业的组织结构和经营等各方面均存在较大的差异。外界不断传出互联网导致传统媒体陷入窘境的消息，百年老店《纽约时报》亦不免于难。在这一背景下，浙报传媒认为互联网的影响在于用户需求方式的深刻变化，提出互联网枢纽型传媒集团的战略目标，即融合传媒主业和互联网技术，以互联网发展推动传媒主业转型。有研究发现，互联网广告业务已经全面超过报刊业，仅百度 2012 年的净利润就超过全国纸媒利润总和。面对不同的发展路径，浙报传媒"坚定不移拥抱互联网，借此推动创新融合"，发布"全媒体行动计划"，确立了"内部转型、外部扩张、孵化未来"的转型突围策略，以互联网融合创新作为传媒转型的主要方向，取得了显著的成效。

三、管理认知结构分析

本部分采用的认知分析材料主要有：（1）董事长的公开演讲和论文，包括《媒体融合最核心的是人的融合》《媒体融合永远在路上》《用户驱动与传媒变革》《浙报的媒体融合模式》《浙报集团推动媒体融合的四个着力点》《制度创新决定报业发展未来》《致全体浙报人》《用互联网基因构建传媒转型新平台——浙报集团：做了什么，还要做什么》；（2）总经理讲话和论文，包括《传媒控制资本　资本壮大传媒——浙报传媒上市三年的实践与探索》《努力提升现代传媒集团的"软实力"——浙报传媒创新人力资源管理的实践与思考》和新员工培训讲话材料；（3）其他高管的论文和演讲材料，包括《多元化报业不得不为的选择——以浙报集团为例看多元化发展的利弊》《浙报规划媒立方——融媒体传播云服务平台》《报业融合转型需深挖"技术"这块儿宝藏》《从"全媒体元年"看浙报集团全媒体转型实践》；（4）公司中高层领导关于公司战略、新媒体业务发展和人力资源改革的访谈记录；（5）2012 年至 2015 年公司财务年报中的管理分析与讨论部分。基于以上材料，进行认知地图分析得到浙报传媒的管理认知地图（见图 3-2）。

对图 3-2 进行分析，图中共有 23 个核心变量和 47 个概念间联系，平均每个变量的链接数量为 2.04 个，认知结构的复杂程度高。首先分析图中的关键概念，通过核心概念间的联系数量来衡量概念的重要性，具体结果如表 3-5 所示。可以发现，浙报传媒的认知地图中核心变量聚集在打造"互联网枢纽型传媒"战略、构建用户集聚平台、打造技术研发平台、理念和体制变革、培育互联网基因和传媒互联网转型发展，核心概念较多，认知结构的集中程度不高。

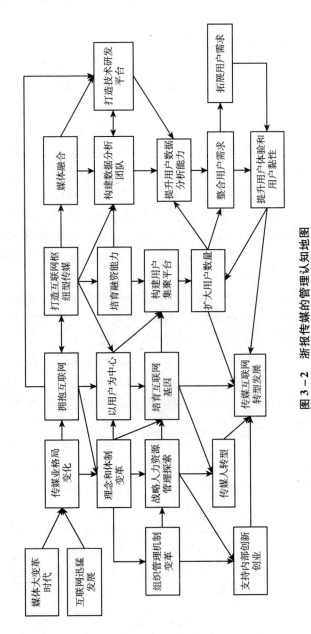

图 3 - 2　浙报传媒的管理认知地图

表 3 - 5　　　　　　浙报传媒认知地图的核心变量

核心变量	联系数量
"打造互联网枢纽型传媒"战略	6
理念和体制变革	6
培育互联网基因	6
构建数据分析团队	6
打造技术研发平台	5
传媒互联网转型发展	5
战略人力资源管理探索	5
以用户为中心	5
扩大用户数量	5

通过分析发现，浙报传媒围绕着"互联网枢纽型传媒"战略，通过理念和体制变革、用户集聚平台建设和技术研发平台建设三条路径，推动传媒变革。具体路途有："打造互联网枢纽型传媒—理念与体制变革—人力资源管理制度变革—媒体人转型—传媒互联网转型发展""打造互联网枢纽型传媒—以用户为中心—培育互联网基因—构建用户集聚平台—扩大用户数量—传媒互联网转型发展"和"打造互联网枢纽型传媒—媒体融合—打造技术研发平台—提升用户数据分析能力—提高用户黏性和用户数量—传媒互联网转型发展"。

四、管理认知过程分析

本部分分析浙报传媒高管团队的认知过程，即对外部环境的感知和解释。一方面，浙报高管普遍认为互联网是其战略发展中的重要外部因素，认为"互联网全面或正在颠覆各个传统行业，传媒业首当其冲""传媒业自身面临行业衰退，系统性风险正在形成"。

另一方面，互联网转型也是高管团队内的共识，浙报高管认为"变革的同时也是巨大的历史机遇"，通过对互联网与传媒业差异的探讨，发现"互联网语境下用户需求主导的生产方式和生产关系挑战和大数据提供的未来可能"，认为"坚定不移地拥抱互联网，融入互联网"，"传统媒体的转型升级，必须围绕用户中心展开"，并基于此制定了互联网枢纽型传媒的战略目标，通过借壳上市和合并重组等行为更进一步增强了浙报转型的信心。

通过以上分析可以发现，浙报的战略思维以稳为主，这与其体制特点有关，虽然深刻感受到传媒业所面临的困境，但也发现互联网的冲击对传媒业转型甚至融合发展提供的可能，表现出较好的矛盾性解释水平。

第三节　山鹰纸业：智能转型战略

一、企业简介

山鹰纸业股份有限公司于 1999 年 10 月 20 日成立，于 2001 年在上海证券交易所上市交易，股票代码为 600567，总部位于上海。2013 年公司与吉安集团有限公司进行了重大资产重组，通过同业反向合并重组，公司实力跃居行业第三，现已发展成一家集造纸、包装、印刷、贸易、物流、投资等业务为一体的现代化跨国企业集团。公司主要从事箱板原纸及制品的生产和销售，具有马鞍山及浙江海盐两处生产基地，是国内少数拥有从废纸纤维原料收购、原纸生产、到纸板纸箱制造与印刷完整产业链的企业，目前具有年产能 305 万吨包装用纸和 10 亿平方米中高档包装纸箱的生产能力，并且具备资源综合利用、设备技术、区位以及热电联产优势。2016 年上半年，公司实现营业收入 54.03 亿元，同比增长 26.2%，归母净利润 1.5 亿元，同比增长 11.9%。从营收规模以及产能（300

万吨左右）来看，公司是国内箱板纸排名前三企业，仅次于玖龙纸业（产能1200万吨左右）及理文纸业（产能500万吨左右）。在新的发展形势下，公司提出打造"共创、共存、共享"的生态山鹰战略，并确立"进入世界造纸十强"的发展目标。

二、战略发展与组织二元性

从企业管理的实际来看，目前山鹰纸业的控制人是原来吉安集团的团队，因此本书的研究对象界定如下：2013年合并重组之前考察吉安集团的发展，2013年之后以合并后的山鹰纸业为研究对象。公司发展主要经历了三个阶段。

第一阶段：初创期。这一时期，公司以包装业起家，为莆田当地的啤酒厂商提供啤酒包装纸箱为主，生产规模较小，业务范围主要在莆田当地。

第二阶段：成长期。公司开始由下游的包装行业向上游的造纸、废纸回收业务延伸，逐渐构建出一条较为完整的产业链。这一时期内，公司在浙江嘉兴设立造纸基地，包装工厂数量增加到5家，并开拓了海外废纸回收业务，通过业务范围的扩展，降低产业链条成本，从生产规模和营业利润两方面提升了公司的行业地位。到2012年已经达到行业第六位的生产规模，业务范围扩展到福建、浙江等地。

第三阶段：成熟期。公司通过反向合并重组，借壳山鹰纸业成功上市。一方面，通过合并，公司的生产规模得到了大幅度提升，进入行业发展的第一梯队；另一方面，借助资本市场的发展，为公司发展智能制造、云印刷等业务提供了基础。山鹰纸业的造纸和包装业务都进入行业前三，业务范围也进一步扩大，由区域性企业变为跨地区的全国性造纸、包装企业。

通过对山鹰纸业发展过程的梳理可以发现，正是通过对知识库、组织结构、战略意图等三方面矛盾和冲突的解决过程，组织才逐渐获取组织二元性，具体如表3-6所示。

企业创新二元性：管理认知视角

表 3 - 6 　　　　山鹰纸业发展过程中的二元矛盾问题分析

焦点问题	二元矛盾	举例
战略目标设定	短期利益	强调造纸和包装作为主业，必须为企业提供足够的财务回报，才有能力和资格去考虑未来的发展。通过新建生产线或整合产能，提高公司造纸业的产能，降低生产成本 产品的质量是企业发展的基础，也是企业获利的前提条件，只要产品质量过关，性价比提升了，利润也就能做上去
	长期利益	以打造"产品—产业链—产业生态"为生态山鹰的发展目标，为股份公司的战略腾飞奠定方向。产品阶段，基于山鹰现有业务发展情况，应当专注于智能制造和现代服务两大领域的相关产品或服务。产业链阶段，根据山鹰已有产业优势和产品基础，打造纸包装产业链和智慧物流产业链。产业生态阶段，基于产业链阶段构筑起的核心能力，以用户为中心设计和营造商业生态，打开产业边界，不断衍生孵化新业务、新产业链和新产业板块，形成具有自我发育能力的产业生态系统
组织结构设计	关注效率	业务已经覆盖废纸回收、造纸到包装这一整条产业链，企业规模也不断扩大，下属的子公司数量越来越多，分布范围越来越广，如何管理和协调各个子公司的业务是未来发展最大的挑战 包装业务的几家子公司密集分布在长三角地区，有时候为了获取更多的订单常常会发生互相杀价的行为，损害公司利益
	关注灵活性	总部目前对下属子公司的管理属于财务管控型，因此各地的子公司领导拥有较大自主权，可以根据各地市场进行差异化的管理，针对市场需求能够做出最快速的响应 2015 年 2 月，公司在深圳前海投资成立投资管理公司，旨在通过跨行业经营的业务平台和独立运作的法人主体，开展对外投资和资产管理等投融资业务
知识库建设	强化相似知识	山鹰纸业与吉安集团合并重组后，上市公司在造纸和包装行业都跃居全国第三，两家公司在造纸和包装业的技术都要进行内部转化和整合，提升现有生产线效率 公司目前已经形成了从废纸收购、原纸生产到纸板纸箱制造与印刷的完整产业链，如何发挥产业链各个环节之间的协同效应是关键 有非常系统的数据收集和分析能力，管理精度和科学化还是很欠缺的，对于数据的收集、整理分析，跟同行业内领先企业相比差得太多，没有这些信息，就相当于是闭着眼睛打战。所以管理信息化建设，信息的共享交流很重要

续表

焦点问题	二元矛盾	举例
知识库建设	吸收互补知识	公司引进了国外一流造纸设备和技术，机器设备自动化程度高，这些技术比公司原有技术复杂得多，具有较大的差异性，是公司目前所缺乏的，要尽快吸收和学习这些技术，加快技术的应用和转化 吉安掌握了上游资源，在海外有多家专门负责海外废纸采购的公司，对上游的成本控制能力较强；而山鹰纸业以箱板类纸品闻名海内外市场多年，对下游客户有较好的管理能力，合并后需要关注两者互补优势的发挥 投身于资本市场后，视野得到了极大的拓展，不能一直盯着眼前的这一摊子，也要"追追时髦"，工业 4.0、智能制造是不是也可以尝试

资料来源：作者根据调研企业信息整理。

（一）长期和短期战略目标的平衡

山鹰面临的战略目标的矛盾主要源自两个战略方向之间协同效应的不确定性，利用式战略旨在强化现有产业链的各个环节及其协同效应，而探索式战略旨在跳出现有产业追求新的发展机会。

正如公司董事长所提出的，"战略做两个方向，一是主业的战略，即发挥包装、造纸这一条产业链的协同效应；二是新兴业务的拓展，要在主业之外做一些储备，这是以后的利润增长点。以后以造纸为主业，不追求量的大，追求投入产出比最低。造纸做强，五年内找出第二个产业，再决定是否要做大。"山鹰始终强调新拓展业务对主业的支撑，如在海外开发废纸回收业务即为造纸业务提供原料；开拓新兴业务也关注工业 4.0 和智能制造等方面的内容，旨在获取新的利润增长点的同时提升主业的智能化水平。

（二）组织运行效率和灵活性的平衡

组织结构的主要矛盾在于集团与子公司之间的管控模式集权和

分权的矛盾。集权带来高效，分权带来灵活性。集团公司集权的情况下，对下属子公司的管控效率会提高，保证各项业务的有序开展，但势必会提高管理成本，也无法保证组织运行的灵活的。子公司的决策权和经营权都比较小，导致下属子公司自主权小，但又要对其进行业绩考核，产生了目标和执行的矛盾。

为了更好地统包装业务的整体发展，山鹰提出大区制管理模式，基于区域分布设立大区，由大区经理统筹区域内包装厂的生产和销售活动，旨在统筹管理、信息共享和成本节约。正如公司高管所说的，"大区制是发展的必然趋势，我们在包装行业的30家多家企业，分布在全国各个区域，未来还要并购到40多家，需要一个总体部门来与外部客户集团对接，把更多人事权、财务权、投资权放到事业部，提升跨地区业务的管理效率。"大区制的运行取得了较好的效果，华东一区（包括杭州、嘉兴和常州地区）的包装业务在一年内实现了利润翻番。此外，针对新兴业务的投资，公司在深圳设立独立子公司进行投资活动，意在借助深圳前海金融开放与创新平台，实现企业结构优化与转型升级。

（三）相似知识的强化和互补知识的吸收的平衡

山鹰面临的知识库的矛盾问题主要体现在两方面：一是整合山鹰和吉安集团的造纸、包装生产线和技术与引进国外先进技术提升生产效率之间的矛盾；二是发展造纸、包装主业与投资新兴业务之间的矛盾。具体体现在资源配置的矛盾，即在主业投资和新兴产业的投入上的矛盾；人员队伍的矛盾，即老员工与新产业的矛盾；企业文化的矛盾，即主业的传统思维与新产业的创新思维的矛盾。

山鹰纸业与吉安集团合并重组后产量有了大幅度的提升，面临的最大挑战是两者的整合问题，一方面在造纸和包装业的技术都要进行内部转化和整合，另一方面也要通过国外先进技术和生产线的吸收和引进，进一步地提升生产效率、降低生产成本。重组完成后，依靠着吉安集团强大的国内外废纸收购网络，山鹰纸业的废纸收购业务规模以及稳定性得到提升，增强了议价能力，能够更好地控制上游成本。而山鹰纸业较强的后续纸箱加工能力，与吉安集团形成强烈的优势互补，提高公司的综合竞争力和市场影响力，提升抵御行业周期性波动的能力，降低生产经营风险。合并重组后的山鹰纸业在资本市场有了更多探索的机会，公司在造纸、包装主业不断做大做强的基础上，以包装产业作为发力点，通过资本投资的方式进入云印刷、智慧物流等领域，旨在提高现有业务的产品附加值。山鹰通过不断平衡相似知识的强化和互补知识的吸收两方面而获取了较大的竞争优势，其生产技术在国内属于领先水平。

三、管理认知结构分析

本部分采用的山鹰纸业的认知材料主要有：高管团队讲话（包括董事长 2015 年、2016 年的年度工作会议讲话和 2017 年的新年致辞）、战略讨论分析（参与对象包括公司高层管理者和外部咨询顾问）、高管访谈记录（包括所有高管的访谈）和公司财务年报中的管理层分析讨论等。基于以上材料，进行认知地图分析，得到认知地图如图 3 – 3 所示。

对图 3 – 3 进行分析，图中共有 23 个核心变量和 39 个概念间联系，平均每个变量的链接数量为 1.70 个，认知结构的复杂程度较高。首先分析图中的关键概念的重要性，通过概念间联系数量来衡量，具体结果如表 3 – 7 所示。可以发现，山鹰的认知地图中核心变量聚集在战略目标、企业创新（创新投入和产业调整）和管理创新（管理优化和人力资源提升），认知结构的集中程度一般。

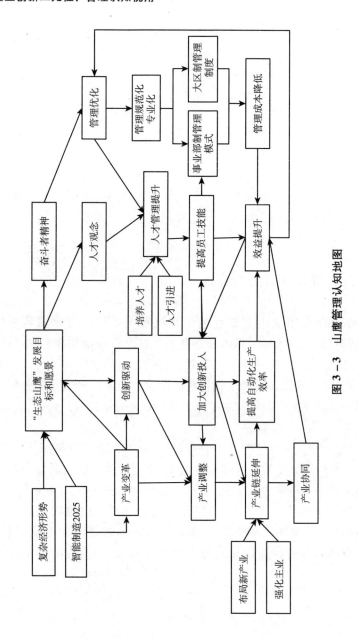

图 3 - 3　山鹰管理认知地图

表3-7　　　　　　　　　山鹰认知地图的核心变量

核心变量	联系数量
战略目标和愿景	6
产业调整	6
产业链延伸	6
创新投入	6
效益提升	6
人力资源提升	5
管理优化	4
创新驱动	4
产业变革	4

通过分析，可以发现山鹰发展的两条关键路径："战略目标和愿景—奋斗着精神—管理优化—人才管理提升/管理规范化专业化—管理成本降低—效益提升"和"战略目标和愿景—创新驱动—加大创新投入/产业调整—产业链延伸（强化主业/布局新产业）—产业协同—效益提升"。可以看出，山鹰的战略发展思路是：通过管理创新和技术创新两条路径，提升效率、降低成本，进而获得效益的提升。

四、管理认知过程分析

本部分分析山鹰纸业高管团队的认知过程特点，通过访谈资料分析，我们可以发现，高管团队成员普遍认为造纸业环境和资本市场是其重要的战略环境要素。山鹰认为造纸业处于淘汰落后产能、调整产品结构的过程中，造纸行业供需弱平衡，纸制品价格较低导致公司收益不佳。但公司也看到长远的发展趋势有所好转，环保政策日紧的情况下，对公司发展是机会，山鹰具有较为完整的产业链和先进的技术，能够更有效地应对环保政策要求，进而在行业竞争中占据优势。

在访谈中也发现山鹰高管认为资本市场是公司需要应对的新的挑战："我们一方面要抓紧主营业务，另一方面也要在资本市场上做好。"公司高管深刻认识到，上市融资能为企业技术更新、拓展产业版图提供充足的资金储备，提高公司在公开市场的信用，有利于公司大力发展主营业务；但进入资本市场也给企业发展带来了更多的不确定因素，容易受到资本波动风险的影响，同时也给内部管理和生产带来了新的挑战，信息透明公开可能会放大公司财务管理、人力资源管理和信息化管理方面存在的问题，如信息化建设进度明显滞后，包装企业的信息化系统未能统一，造纸 ERP 系统还不能完全投入使用，明显制约了企业高速发展的需要。

通过以上分析可以发现，不论是面对行业波动和资本市场，山鹰都能充分感受到环境因素的正、反两方面影响，既不因为机会而盲目突进，也不因为威胁而裹步不前，表现出较好的矛盾性解释水平。

第四节　恒逸石化：　双轮驱动战略

一、企业简介

恒逸石化股份有限公司（以下简称恒逸石化）成立于 1996年，公司总部位于杭州市萧山区，是一家产业链一体化、石化化纤主业突出、拥有完善治理结构、深交所主板上市的股份制企业，未来公司致力于发展成为国际领先、国内一流的石油化工综合服务商之一。公司已成为全球最大精对苯二甲酸（PTA）和聚酯纤维（PET）制造商，主要从事石油化工产业及金融股权投资业务，初步形成"石化 + 金融"双轮驱动的发展模式，主要石化产品包括精对苯二甲酸、己内酰胺、聚酯切片、聚酯瓶片、涤纶预取向丝、涤纶全牵伸丝、涤纶加弹丝及涤纶短纤。截止到 2016 年 12 月底，公司参控股 PTA 产能达到 1350 万吨，列全球第一位；聚酯产能 135 万吨，位列全球前列；已内酰胺产能 20 万吨。

恒逸石化是首家研发并应用大容量聚酯熔体直纺技术（该技术曾获国家科学技术进步奖二等奖）、200 万吨级 PTA 技术的企业，是首家与中国石化合资进入已内酰胺领域的民营企业。公司自成立以来，紧紧围绕"巩固、突出和提升主营业务竞争力"的战略方针，联合战略合作方实现优势互补，逐步成为全球综合实力最强的竞争业务公司，并率先向石化产业链上游延伸。未来，公司蓄力前行，借助文莱 PMB 石油化工项目实现又一次的跨越次前进，该项目是公司与文莱政府合作的一个以原油、凝析油为原料的炼油化工一体化项目，是国家"一带一路"重点建设项目，具有高度战略意义，是公司向国际产能合作、产业链一体化战略目标迈出的关键一步，同时将建设成为中文两国友好合作的典范。

二、战略发展与组织二元性

恒逸发展过程中经历了几次比较大的战略演变。

第一阶段：做强主业、不断往产业链上游延伸。这一阶段恒逸的产品以涤纶聚酯为主，是国内第一家自主开发应用聚酯熔体直纺技术的企业，且是第一家实现年产能从 20 万吨、30 万吨到 60 万吨的企业。由于受到上游供应商带来的成本压力，恒逸通过自主研发进入精对苯二甲酸（PTA）领域，并成为全球第一家自主研发应用 PTA 单套年实际产能达到 200 万吨工艺技术的企业。通过产业链的延长和优化整合，降低了行业周期性波动带来的风险，提升了对行业动态的敏感反应，同时优化了营运成本、降低了销售费用。恒逸的聚酯和 PTA 两个产品不但占据行业龙头的地位和较高的市场份额，而且拥有自己的技术，竞争优势明显。

第二阶段：双链模式，烫平行业周期风险。恒逸与中石化优势互补（中石化的专利技术、上游原料供应优势与恒逸的下游市场优势、管理机制的灵活性），快速投产见效。双链模式一方面能巩固和提升"PTA－聚酯－加弹"产业链的优势和优化，另一方面和中石化合作 CPL 项目，打通 CPL 产业链的上下游结构，寻找新的利润增长点。PTA 和 CPL 的波动周期不会是同峰同谷，在产品供需上面有一些交叉，表现出较强的产品互补性，进一步提升企业应对行业周期波动的能力。

第三阶段：积极探索"石化＋金融"双轮发展格局。一方面，恒逸继续往石化产业链上游——原油市场进军，远赴文莱投建 PMB 项目。公司根据国际石化市场环境变化，优化工艺技术路线，降低项目物流成本，进一步提高项目持续的竞争优势。另一方面，公司积极参与金融投资。2012 年参与浙商银行的增资扩股股份认购，公司所持的金融股权形成相对稳定的收益，从而对公司发展石化产业产生重要的支撑作用。浙商银行成功登陆 H 股市场，将对恒逸坚持产业链一体战略和产融互动战略提供有力支撑。此外，公司借用"互联网＋"思维为主营业务服务，力争通过生产、资金、物流协调服务整合下游客户资源，进而促进大数据的有效挖掘和利用。

恒逸发展过程中面临着知识问题、组织结构和战略目标三方面的矛盾，其组织二元性的获取过程正是对这三方面矛盾和冲突的解决过程。具体需平衡的问题如表 3 - 8 所示。

表 3 - 8　　　　　恒逸石化发展过程中的二元矛盾问题分析

焦点问题	二元矛盾	举例
战略目标设定	短期利益	为培育新的业务及利润增长点，进一步向上游延伸产业链，打通现有 PTA－聚酯产业链瓶颈，化解现有产品原料供应的市场风险，进一步增强和巩固主营业务的核心竞争力 发展己内酰胺产业过程中公司不断推进技术革新、优化工艺参数，降低了能耗、物耗，从而进一步降低了产品单位投资成本，己内酰胺单位能物耗比目标设计值减少 5% ~ 10%，成本优势明显

焦点问题	二元矛盾	举例
战略目标设定	长期利益	PTA、聚酯产业和己内酰胺产业构成双链模式的产业格局，可以使恒逸规避单个产业链周期波动风险，始终保持高质量增长 公司借用"互联网＋"思维为主营业务服务，力争通过生产、资金、物流协调服务整合下游客户资源，进而促进大数据的有效挖掘和利用
组织结构设计	关注效率	2016 年公司提出要通过组织变革提升管理效率 对现有产品品牌和品质进行提升，需要通过精细化管理改变原来规模制胜的方式，通过一体化整合降低生产和管理成本
	关注灵活性	采取自主和外包相结合方式，既可解决技术和人力资源问题，又有利于自己团队的学习提升 公司在石化主业之外也开展了一些探索，如在上市公司之外成立了独立的投资公司，给予充分的试错机会，不以利益来考核，探索主业之外的增长空间
知识库建设	强化相似知识	专注石化行业，不断进军聚酯产业上游的 PTA、原油产业，一方面要强化聚酯产业的生产技术，另一方面也要不断开拓寻找利润新增长点
战略目标设定	吸收互补知识	己内酰胺业务方面，公司不具备生产技术，通过优势互补才达成了合作，凭借中石化的领先技术进入这一领域，进而具有了一定的市场地位 公司跟中石化合作的第一条生产线，它的装置比 PTA 的工艺装置更为复杂，因此对安全、管理和技术的要求都会高一些 在做强石化主业之外，公司也充分地学习与主业相关的配套业务知识，如金融、物流、贸易等，进而保障主业稳定的发展

资料来源：作者根据调研企业信息整理。

（一）长期和短期战略目标的平衡

恒逸发展过程中战略意图的矛盾主要体现在两方面：一是专业化与多元化的矛盾，即石化主业和金融、物流和贸易其他业务的矛盾；二是本地化与国际化的矛盾，即开发国内市场和海外市场的矛盾，两者都分别对应短期和长期的战略目标。渐进式的战略行为往往能带来丰富的现金流，强调对公司主业和本地市场的保护；而突破式的战略行为往往聚焦于企业未来的发展，往往跳出公司熟悉领域和本地市场去寻求新的机会。恒逸通过整合突破式的战略行为和渐进式的战略行为，而解决企业长短期目标之间的矛盾，长期目标并不是"悬空"的，长期、短期目标互为支撑。

恒逸选择的新业务和新市场，都会考虑对原有业务和市场的互补性。恒逸选择金融行业作为第一个跨界的目标，是看中金融投资的高回报性和相对稳定性。而事实也给予了积极的证明，在石化行业长期低迷的情况下，恒逸投资的浙商银行为企业带来了丰富的利润回报，弥补了主业发展的不足。而在海外业务扩张方面，选择文莱作为恒逸国际化发展的第一站有多重考虑，一方面海外原油价格较低，适合开展原油开发，帮助恒逸控制石化产业链的源头，另一方面文莱可以打开公司未来开展国际贸易和金融业务的大门，恒逸将在新加坡设立海外事业部，着力于提升公司国际化水平。正如恒逸投资总监所说，"文莱的原油项目对我们来说再造一个恒逸，它的体量与目前国内恒逸总体量差不多，目前海外市场的发展以投资为主，未来的定位是要同时开展投资、融资活动，并建立海外市场渠道，提升公司国际化发展水平。"

（二）组织运行效率和灵活性的平衡

组织结构是知识获取的基础，组织结构方面的主要矛盾来自效率与灵活性之间的矛盾，具体体现在组织结构设计和企业文化塑造上。一体化管理的组织结构更容易帮助企业追求效率，恒逸通过组织变革不断提高管理和生产效率，一改以往"分而治之"的局面，从集团层面整合工程维护、综合后勤等职能，降低生产和管理成本，同时也有利于信息和经验在企业内部的传播。然而一体化管理下很难兼顾各个下属企业和细分市场的差异化，在企业内部塑造较为统一、呆板的企业文化，也不利于企业开展创新。而以灵活性为目标的组织结构设计则注重企业内部探索、试错的文化塑造，这样的组织结构下，企业往往能跳出原有的知识框架，不断吸收新知识和新信息，调整企业战略使之与外部环境达到最优匹配。

注重效率的组织结构和企业文化有利于知识的吸收和改进，而注重灵活性的组织结构和企业文化有利于新知识的搜索和获取。访谈发现，基于不同业务知识特点的差异性，恒逸对不同业务采用了不同的组织结构设计，对新兴业务采用"结构分离"的方式，保障其发展不受总部的影响。针对石化主业，恒逸不断提升管理的一体化程度，尽管产业延伸不断往产业链上游发展，但石化产业的发展始终是公司的核心，尽可能地提升产业链各环节之间的协同作用，提升石化产业发展效率。而在新兴业务（如金融、投资等）发展方面，恒逸又给予了足够的独立空间。如金融业务方面投资浙商银行，是浙商银行的第二大股东，以财务性汇报为主要目标而不参与具体的经营。同时为了更好地发展石化主业相关业务，公司成立了独立的投资公司，开展相关的产业研究和初创企业投资，探索物联网发展、智能制造、大数据技术等在石化产业中发展的可能性。此外，恒逸还以开放的心态，采用外包与自主结合的方式开展技术和管理上的难题，如为了更好地适应战略变革，恒逸与 IBM 合作开展人力资源管理系统的变革，提升人力资源管理的信息化水平。

（三）相似知识强化和互补知识吸收的平衡

在知识和技术方面，恒逸发展过程中面临两方面的矛盾：一是聚酯、PTA 产业链的技术和知识的强化与己内酰胺产业链技术和知识的吸收的矛盾，从公司发展来看，这两个产业链的技术和知识在保障企业稳定收益方面互为补充，克服行业波动性带来的产业波动，己内酰胺为中石化所有，恒逸通过与其建立战略合作关系，进而吸收并优化己内酰胺生产线；二是发展石化主业与拓展贸易、物流和金融行业的矛盾，这个问题归根结底是人才问题，恒逸长期发展过程中关注技术人才的引进和培养，但在其他配套产业的人才准备和知识积累非常有限，经营性人才的缺乏导致矛盾的产生。

以上矛盾的产生，根本在于企业所占有的资源有限，不能在强化相似知识库的同时提供足够的资源用于互补知识库的吸收。正如恒逸石化董事长所言：企业发展过程中一方面要强化技术改造、降低生产成本提升现有业务竞争力，另一方面要积极探索发展新业务寻找新的利润增长点，这两者本身就是非常纠结的选择，往往难以兼顾，作为传统的制造业企业我们的利润本身就不高，企业的技术投入空间非常有限。恒逸石化通过两条路径解决以上矛盾：一是战略联盟。通过战略联盟与具有先进技术的企业建立战略合作关系，借助联盟培养企业新的技术能力和知识，与直接购买技术相比，大大降低了扩展新业务所需的成本。战略联盟也并非凭空而来，恒逸石化与中石化的合作可以说是资源优势互补，两者都有向对方学习的动机，恒逸在聚酯和 PTA 行业的快速发展是中石化所看重的。通过自身优势寻找战略合作伙伴是企业平衡新知识吸收和原有知识强化的关键。二是人才引进。为了更好地适应公司"石化＋金融"的双轮战略，恒逸近年来十分重视中高端复合型人才的引进，设立了以"985""211"重点高校为目标对象的"新蓝计划"校园招聘项目，克服企业内部培养人才观念和知识上的限制。

三、管理认知结构分析

本部分采用的恒逸石化的认知材料主要有：高管团队讲话（包括董事长 2012 年至 2016 年的年度工作会议讲话）、董事长接受和讯网采访《恒逸石化借力资本市场，打造百年老店》、投资总监倪德锋《深化改革提升管理——为将恒逸打造成为国际一流的石化产业集团夯实基础》《恒逸石化：转型升级做模范》、恒逸石化新常态发展战略和公司财务年报中的管理层分析讨论等。基于以上材料，进行认知地图分析，得到认知地图如图 3－4 所示。

对图 3－4 进行分析，图中共有 27 个核心变量和 36 个概念间联系，平均每个变量的链接数量为 1.33 个，认知结构的复杂程度

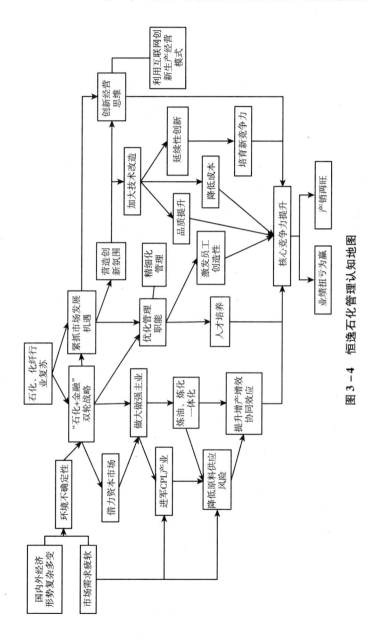

图 3 - 4 恒逸石化管理认知地图

一般。首先分析图中的关键概念的重要性，通过概念间联系数量来衡量，具体结果如表 3 – 9 所示。可以发现，山鹰的认知地图中核心变量聚集在核心竞争力提升、"石化 + 金融"双轮战略、市场发展机遇等核心变量，认知结构的集中程度较高。

认知结构的分析可以发现恒逸的基本战略回路是"双轮战略—做大做强主业—提升产业协同—提升核心竞争力—战略推动"，具体发展的三条关键路径：（1）"双轮战略—优化管理职能—人才培育/员工创造性—核心竞争力提升—业绩扭亏为盈/产销两旺"；（2）"紧抓市场机遇—加大技术改造—成本降低/新竞争力培育—核心竞争力提升—业绩扭亏为盈/产销两旺"；（3）"紧抓市场机遇—创新经营思维—核心竞争力提升—业绩扭亏为盈/产销两旺"。可以发现，恒逸的战略发展思路是：通过管理创新、技术创新和营销创新提升核心竞争力，进而获得效益的提升。

表 3 – 9　　　　　　　　　　恒逸认知地图的核心变量

核心变量	联系数量
核心竞争力提升	9
"石化 + 金融"双轮战略	7
紧抓市场发展机遇	5
优化管理职能	5
加大技术改造	4
创新经营思维	4
做大做强主业	4

四、管理认知过程分析

本部分分析恒逸石化高管团队的认知过程特点，通过访谈资料分析，我们可以发现，高管团队成员普遍认为海外市场环境是其重要的战略环境要素。恒逸选择投巨资在文莱建设 PMB 石油化工项目，是看到在海外发展原油炼化的市场机会，在国内原油炼化市场基本饱和且民营企业竞争力较弱的情况下，文莱丰富的原油储备和便利的海运交通是恒逸发展的新机会；同时进入原油炼化环节能推进恒逸"原油—聚酯—PTA—化纤原料"这一产业链的完整度，提高盈利能力和市场竞争力；此外，在文莱建立生产基地打开了恒逸探索海外市场的第一步。进军海外市场，恒逸也感受到了很多潜在威胁，一方面 PMB 项目投资额非常大，相当于当前恒逸的整体规模，存在较大的风险；另一方面如政策环境不稳定、两地文化差异、当地技术人员缺乏等问题，也会为项目的推进带来阻碍，"这些基本问题不解决可能会直接导致恒逸的海外投资失败"。

通过以上分析可以发现，恒逸投资海外市场是经过充分的考察的，表现出较好的矛盾性解释水平，一方面看到了文莱建设原油项目的机会，另一方面也看到了机会背后的威胁。

第五节 跨案例比较分析

一、组织二元平衡机制分析

企业构建二元型组织的过程中，需要平衡探索型战略和利用型战略。企业在战略目标设定、组织结构设计和技术知识获取三方面都会表现出探索式战略和利用式战略的特征，战略目标设定需要平衡企业短期利益和长远发展，组织结构设计需要平衡组织结构的效率和灵活性，技术知识获取需要平衡已有知识强化和新知识获取。因此需要从战略目标、组织结构和技术知识三方面出发，探讨企业如何实现探索和利用的二元平衡。组织二元性的内在平衡机制如图 3-5 所示。

战略目标的二元矛盾主要体现在短期收益和长期发展目标的不

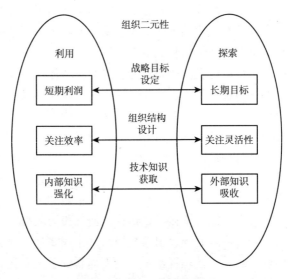

图3-5 组织二元平衡机制

可兼得。短期目标指现有产品市场的拓展、现有技术的强化和利润获取，而长期目标指突破现有市场和技术边界、通过突破式创新寻找新的机会和利润增长点。追求短期目标相对保守，如浙报传媒认为转型应当以提升传媒主业竞争力为基础，山鹰强调在造纸包装行业的稳定收入等，企业需要稳定的现金流来保障公司顺利运行和在资本市场的稳定性。此外，短期目标的实现是企业生存和拓展新业务的基础，失去了短期利润的获取会对企业产生根本性的影响。追求长期发展更强调突破创新和风险承担，一旦某一基础环节出现危机，会对整个生态带来覆灭性的威胁。企业发展中，必然存在同时获取短期利润和寻找新的利润增长点的需求。

从案例素材可以发现，案例企业长短期战略目标之间是相互联系和相互作用的。企业短期发展目标的实现可以支持企业追求长期发展目标，而长期目标的实现可以反哺短期目标。企业通过同时开展探索性创新和利用性创新，并保持两者的平衡状态，整合长短期目标来实现二元创新平衡。具体而言，不论企业进行兼并重组或新产业拓展，案例企业的创新战略决策制定都兼顾了短期效益和新产业与原有产业的互补作用。如浙报并购边锋浩方即考虑到其具有稳定的资本收入之外，更关注其庞大的用户群体的可转移性，为其互联网转型奠定基础；而恒逸拓展海外市场，进入原油炼化这一产业链最上游环节，一方面原油炼化本身具有较高的收益，另一方面可以降低产业链中端产品的成本，提高产品利润，是恒逸打造炼化一体化产业链的重要一步。

　　组织结构设计的二元矛盾主要体现在组织灵活性和组织效率的差异。追求效率的组织结构往往有较为成熟管理制度和紧密的人员之间关系，组织成员间的互动有助于知识的快速传播和应用，但往往由于对效率的追求，容易产生路径依赖，导致新知识的创造和吸收比较困难。追求灵活性的组织结构往往较为松散、扁平，相应的组织文化较为活跃、包容，能够容许组织成员不断探索和试错，但这种结构设计的效率明显不高，短期内产出较低。在当前的环境条件下，企业已经很难仅通过对成功经验的复制获取规模经济，企业还需要通过多种途径发现和利用创造性机会，企业组织结构设计通过结构分离等方式兼顾规模和灵活性，能为企业带来良好的绩效表现。

　　从案例中可以发现，高效率的组织结构有利于知识的获取、消化和应用，灵活的组织结构则有利于开展突破性创新，颠覆现有知识框架创造新的知识，企业可以通过结构分离的方式兼顾效率和灵活性。从案例企业可以看出，企业往往以一体化和整合的结构管理成熟业务，可以有效降低企业管理、沟通成本而提升效率，而对新探索和新进入的业务领域，往往给予较大的自主权和试错机会，当新业务发展较为成熟后再纳入企业主体管理。这样的结构分离方式使企业能够兼顾效率和灵活性，也是为企业长短期目标的实现构建结构基础。

　　技术知识的二元矛盾主要体现在对现有产业知识的强化和对互补产业知识的吸收。企业关注对本地知识的强化，能够增强在现有业务领域的获利能力，但也容易产生路径依赖，现有的知识容易成为企业创新的阻碍，难以实现突破式创新；而当企业关注非本地知识的吸收时，需要花费大量时间和精力进行知识搜索和学习，能够给企业带来较多的创新思维和知识，但对企业短期收益有负面影响。当企业能够平衡现有产业知识的强化和对互补产业知识的吸收时，一方面能够通过互补知识的吸收强化现有能力，为企业转型发展提供技术支持；另一方面能够将新颖的知识快速转化，实现探索和利用的快速迭代，保障企业的稳定收益。如浙报传媒收购边锋浩方即旨在吸收边锋浩方的互联网经营经验，提升报业的互联网转型能力；恒逸石化海外扩张进军原油产业，构建石油炼化一体化产业链，与其在聚酯、PTA的产业形成互补。分析发现，案例企业都不同程度地涉足新产业（或产品），在新产业（或产品）的选择中，都关注了新产业（或产品）与现有产业的互补性，旨在强化现有知识，吸收互补知识，形成良性循环，构建二元型组织。

二、管理认知分析

通过对案例间的对比，分析案例企业在管理认知结构和认知过程中的特点和差异。认知结构分析可以发现，复杂性方面浙报最高，山鹰和恒逸稍次之，而专注性方面恒逸高于其他两家企业。认知过程分析主要关注管理者的机会解释和威胁解释的差异程度，机会解释和威胁解释水平越接近，则其矛盾性解释水平就越高。浙报传媒的机会解释和威胁解释水平均较高，因此矛盾性解释水平高；山鹰纸业的威胁解释水平较高，而机会解释水平一般，因此矛盾性解释水平较高；恒逸石化的机会解释水平较高而威胁解释水平较低，因此矛盾性解释水平较低。基于以上分析，针对各案例企业的实际情况对各变量进行评判打分，用很差、较差、一般、较好和很好五个等级从低到高表征各个案例各项指标的水平，结果如表3-10所示。本部分将对案例企业的各个变量进行对比分析，归纳管理认知（包括结构和过程维度）与组织二元性之间的关系，进而提出初始的研究命题。

表 3 – 10　　　　　管理认知与组织二元性水平的汇总与编码

	变量	浙报传媒	山鹰纸业	恒逸石化
组织二元性	战略目标平衡	很好	较好	较好
	组织结构平衡	较好	较好	一般
	技术知识平衡	很好	一般	一般
	二元平衡水平	很好	较好	一般
知识结构	专注性	一般	一般	较高
	复杂性	很高	较高	较高
战略解释	机会解释	较高	一般	较高
	威胁解释	较高	较高	较低
	矛盾性解释	高	较高	较低

（一）管理认知结构与组织二元性

根据表 3 – 10 数据分析和案例素材对比，我们可以发现管理认知结构与组织二元性存在明显的相关关系。具体而言，管理认知结构的专注性水平较高时，企业的组织二元性水平较低，即在战略目标、组织结构和技术知识的平衡上表现相对较差，如恒逸石化与山鹰纸业的案例对比可以发现其认知结构的复杂程度相近，但专注性水平高的恒逸石化在二元平衡上表现相对较弱；而当管理认知结构的复杂性程度较高时，企业的组织二元性水平也较高，浙报传媒与山鹰纸业的对比可以发现，两者的专注性水平相近，而浙报传媒的认知结构复杂性相对较高，其二元性水平也相对较好。因此，我们提出以下命题：

命题 1：管理认知结构专注性对组织二元性有显著的负向影响。

命题 2：管理认知结构复杂性对组织二元性有显著的正向影响。

（二）管理认知过程与组织二元性

以往研究发现即使所处的环境和竞争关系相似或者相同，不同的管理者所感知到的机会或威胁也不相同。本书关注高管团体层面对外部环境的感知，即使高管团队成员之间会存在一定的认知差异，但在公司做出战略决策前必须达成一定程度的共识，因此本书考察认知过程对组织二元性的影响采用团队层面的描述是合适的。当管理者的战略问题的解释同时存在机会解释和威胁解释，两种解释水平都较高且差异不大时，我们认为管理者对环境具有较高的矛盾性解释水平。根据上表数据分析和案例素材对比，可以发现管理认知过程与组织二元性存在明显的相关关系，本书以管理者的战略环境解释来衡量管理认知过程。具体而言，管理者的矛盾性解释会促进组织二元性水平的提升，即当管理者能充分考虑战略问题的机会和威胁时，更有动机和能力去平衡战略目标、组织机构和技术知识获取上的两个矛盾问题，能够帮助提升企业的组织二元性。因此，我们提出以下命题：

命题3：管理者对战略环境的矛盾性解释对组织二元性有显著的正向影响。

基于以上分析，得出管理认知对组织二元性的作用机制，如图 3-6 所示。

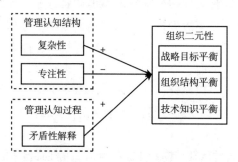

图 3-6　管理认知对组织二元性的作用机制示意

第六节　本章小结

　　本章通过三个案例企业的探索式分析，深化了组织二元性的概念内涵，探讨了管理认知对组织二元性的影响机制。研究发现，组织二元性具体体现在企业的战略目标设定、组织结构设计和技术知识获取三方面，通过平衡探索性战略和利用性战略，企业可以提升组织二元性水平。而管理认知对组织二元性有显著的影响，其中认知结构和认知过程都对企业二元型组织构建有影响。基于以上研究，本书提出了一系列研究命题，从动态和静态视角揭示了管理认知对组织二元性的影响，为本书建立了初步的研究框架，后续章节将在此基础上细化概念测量，明确理论假设并进行实证检验。

第四章 //

管理认知结构对组织二元性的影响

从领导视角对企业如何构建二元型组织非常有必要。一方面，高层管理者本身对企业战略有直接的影响，其战略决策对组织二元性有直接的影响；另一方面，通过结构分离、情境设计和企业网络等机制实现组织二元性都受到高层管理者的影响。现有的从领导视角对组织二元性的驱动因素的研究，主要关注了高管的个人特征和行为对企业获得组织二元性的影响，有研究者（Lubatkin，Simsek，Yan，2006）发现高管团队行为整合在组织二元性提升上的关键作用。基于以上研究，本书将深入考察行为背后的认知因素对组织二元性的影响，致力于探索组织二元性的认知成因和机制。

管理者认知可以从静态和动态两个视角进行考察，其中静态视角关注管理认知的结构特征，动态视角关注管理认知的过程特征。本章将从静态视角关注管理认知的影响，下一章从动态视角进行考察。从认知结构出发，现有研究用复杂性和专注性两个维度来描述管理者的知识结构和整体特征（Nadkarni，Narayanan，2007）。两者对企业战略决策和绩效影响均具有显著的影响，且影响方向存在一定的差异（吴东，2011）

现有研究基于认识方式的差异将组织二元性划分为两个维度：平衡二元性和结合二元性，两个维度反映了对探索活动和利用活动之间矛盾的两种不同的处理方式（He，Wong，2004；Cao，Gedajlovic，Zhang，2009）。平衡二元性将探索与利用视为一个连续体的两端（two node of a continuum），两者处于此消彼长的关系，最后的平衡是零和博弈的结果，即在组织有限的资源条件下实现最优的资源配置，其核心主张在于"避短"，强调增强探索和利用的平衡度，缩小探索和利用之间的差异，避免极端或过度倾斜而导致风险，关注探索活动和利用活动的相对强度（March，1991）。结合二元性认为探索与利用是一种正交关系（orthogonal），两者不存在竞争关系，而会产生一定的互补和协同，即组织可以将内部资源和通过联盟、并购等方式获取的外部资源进行融合和转化，形成良性循环，其核心主张在于"扬长"，强调增强探索和利用的结合度，发挥两者之间的互补作用，关注了企业探索活动和利用活动的绝对强度（Lavie，Stettner，Tushman，2010）。

第一节　管理认知结构与组织二元性

管理认知的作用被视为"战略家的大脑"（Ohmae，1982），其作用重要性显而易见。以往的研究已经揭示了管理认知影响企业战略行为的三种基本机制：扫描、诊断和抉择（Daft，Weick，1984；Prahalad，Bettis，1986）。首先，管理认知是信息的过滤器。通过外部环境的扫描，企业家关注那些企业家认为与战略相关的信息并将其进行传递，与企业战略无关的信息则会被忽视；其次，管理认知会影响管理者的诊断，使管理者在模糊的信息背景条件下，基于已有信息进行相关关系判断，明确信息背后深层的意义（Dutton，Fahey，Narayanan，1983）；最后，管理认知也会帮助企业分析、梳理环境信息，筛选出与企业战略相关的重要的信息线索，做出最匹配外部环境变化的战略选择并转化为具体的战略行动（Narayanan，Zane，Kemmerer，2011）。沃尔什（Walsh，1995）和纳拉扬等（Narayanan，Zane，Kemmerer，2011）先后提出了管理认知研究的全面而系统的研究框架，并有一大批学者在"认知—行为"的研究范式的指导下，开展了大量的实证研究来探讨管理者认知对企业战略行为的影响（Smith，Tushman，2005；尚航标，李卫宁，2015）。

本章从静态视角考察管理认知，主要关注管理认知的知识结构的影响。现有研究用复杂性和专注性两个维度来描述管理者的知识结构和整体特征（Nadkarni，Narayanan，2007；Nadkarni，Barr，2008）。专注性是指企业战略决策者的知识结构围绕几个核心概念而建构起来；复杂性是指管理者的知识结构的差异性和一体性，差异性是指管理者知识结构中战略、环境、组织和绩效等不同概念的多元化程度，一体化指这些概念之间联系的紧密程度。两者的关注重点并不一样，专注性关注知识结构的深度，而复杂性关注知识结构的广度（吴东，2011；尚航标，李卫宁，2015）。

管理认知的复杂性程度较低时，管理者的知识结构所涵盖的内容较少，管理者容易忽视环境中的一些重要因素而导致认知偏差的产生。当认知复杂性程度较高时，管理者的知识结构中的概念较多且不同概念之间有较好的连通性，管理者能够对更多的外部环境中的刺激（stimulate）产生注意并作出反应，减少客观环境和管理者感知到的环境之间的差异，较少产生认知偏差（吴东，2011）。认知复杂性不仅可以帮助管理者在认知结构中容纳更多信息，也能帮助有效整合多样化、矛盾性的信息，也更有可能形成有助于组织二元性发展的决策方案（邓少军，芮明杰，2013）。管理认知复杂性越高，越容易形成悖论式的认知框架（paradoxical frame）。管理者能够识别并接受两种同时存在的相互冲突的力量（如探索和利用），也越能够在探索活动和利用活动之间保持平衡，并在发挥探索活动和利用活动各自优势的基础上获得互补共生（Smith，Tushman，2005）。由此，我们提出以下假设：

假设1a： 管理认知的复杂性越高，企业越能更好地保持探索和利用活动的平衡，即平衡二元性越高；

假设1b：管理认知的复杂性越高，企业越能更好地促进探索和利用活动的互补，即结合二元性越高。

管理认知的专注性较高时，管理者的认知结构更集中于少数一些概念，管理者基于这些核心概念来筛选信息、诊断问题和制定决策，导致战略决策过程中的认知偏差和认知惰性（Hodgkinson，1997）。长此以往，管理者的认知结构容易形成认知惯性，会造成企业在某一领域持续的资源投入，导致在某一领域的能力积累远超过其他领域（Carley，Palmquist，1992）。认知专注性首先会限制管理者的信息搜寻范围，造成他们无法有效地搜寻外部环境的信息。战略问题诊断、战略制定和选择会由此而延续，保持之前的战略选择。此外，如果管理认知专注性较高，即使管理已经感知到环境变化，但由于认知惯性的影响，无法及时根据环境变化来鉴别战略问题并制定战略方案（Cho，Hambrick，2006；尚航标，李卫宁，黄培伦，2014）。具体而言，当管理认知专注于与利用有关的活动时，企业很容易陷入能力陷阱，即使开展一些探索活动，这些核心概念仍会发挥影响，也可能由于专注性导致新知识无法吸收，导致探索与利用活动的互补性无法发挥；同样，当管理认知专注于与探索有关的活动时，探索与利用活动之间难以保持平衡，企业容易由于过度探索而获利能力不足，更难发挥探索和利用活动之间的互补作用。由此，我们提出以下假设：

假设2a：管理认知的专注性越高，企业越难以保持探索和利用活动的平衡，即平衡二元性越低；

假设2b：管理认知的专注性越高，企业越难发挥探索和利用活动的互补性，即结合二元性越低。

第二节　管理自主权的调节作用

管理自主权也称为自由裁量权、管理决断权、经理自主权或

企业创新二元性：管理认知视角

管理自由度，是高阶理论和高管团队研究中重要的变量，其蕴含的"度"的概念对于理论的扩展特别是中国情境下管理理论的发展具有重要意义（Hambrick，Finkelstein，1987；张三保，张志学，2014）。管理自主权是管理者决策行为的范围，这个范围是高层管理者在日常营运过程中与利益团体动态博弈的结果。它反映了在既定的权力分布状态下，管理对其所生存的环境的掌控程度（Hambrick，Finkelstein，1987）。哈姆布里克和芬克尔斯坦（Hambrick，Finkelstein，1987）提出高层管理者与企业绩效和战略行为的关系受到管理自主权的影响，当管理自主权比较大时，高层管理者对战略决策等其他效应和企业绩效的影响比较明显，而当管理自主权较小时，高层管理者对企业战略决策和企业绩效的影响则非常有限。

当管理自主权较高时，企业的战略行为和绩效结果将更紧密地反映管理认知，而当管理自主权较小时，即管理者的行为受到外部的约束，管理认知对企业采取的战略行为和绩效结果将没有太大的解释力（Hambrick，2007）。具体而言，当管理自主权较高时，认知复杂性对组织二元性（包括平衡二元性和结合二元性）的正向影响和认知专注性对组织二元性的负向影响都将得到强化，企业在探索和利用之间的矛盾下的战略决策将更多地反映管理认知的特点；而当管理自主权较小时，管理者在企业战略决策中的作用非常有限，认知复杂性和专注性对组织二元性的影响也就变得有限。由此，我们提出以下假设：

假设 3a：管理自主权越高，认知复杂性对平衡二元性的正向影响也越强；

假设 3b：管理自主权越高，认知专注性对平衡二元性的负向影响也越强；

假设 3c：管理自主权越高，认知复杂性对结合二元性的正向影响也越强；

假设 3d：管理自主权越高，认知专注性对结合二元性的负向影响也越强。

综合以上研究假设，提出管理认知结构对组织二元性影响机制的研究框架如图 4-1 所示。

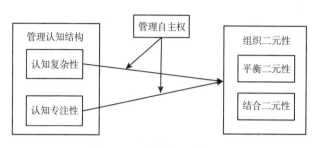

图 4-1 第四章研究框架

第三节 研究方法和数据分析

一、样本选择与数据收集

为了更好地考察管理认知与组织二元性的关系，本书选择自2011 年至 2015 年中国深市、沪市 A 股上市公司作为研究样本，并按照以下标准进行样本筛选。

（1）制造业企业。本书从技术创新视角研究组织二元性，需要刻画企业探索式创新和利用式创新水平，因此选择技术创新活动较为活跃和明显的制造业作为研究对象。

（2）非多元化企业。行业特征和企业多元化程度会对管理认知产生影响，因此本书应当选择非多元化企业进行研究，选择企业主营业务收入占总营业收入 70% 以上的企业。

（3）成立十年以上的企业。企业发展阶段和成熟程度也会影响管理认知和企业技术创新活动的开展，本书认为成立超过十年的企业具有足够的资源，可以基于企业发展需要制定技术创新战略，并具有充分发展的管理认知，因此本书选择成立 10 年以上的企业，也即 2001 年 12 月 31 日之前成立的企业。

（4）2011 年至 2015 年间未发生主要领导变更的企业。为了保证管理认知的延续性和可比较性，本书剔除在研究时间内发生过董事长或 CEO 等重要领导变更企业。

（5）非 ST 企业和非重组企业。

本书关于管理认知的数据主要来源于上市公司年报，通过对年报中"管理层讨论与分析"和"公司未来发展的展望"等部分文字材料进行分析获取管理认知结构的相关数据。本书中其他财务、研发和其他企业基本情况数据均来源于国泰安数据库（CSMAR），并对缺失较多的研发支出费用进行手动校对收集，将上市公司年报中披露的研发支出费用与数据库所得数据进行校对和补充，通过多元数据来源相互验证，确保数据有效性。基于以上筛选条件，本书最终获取 86 家企业的数据，共 306 个观测值，样本企业行业分布如表 4－1 所示。

表 4－1　　　　　　　　样本企业行业分布

行业分布	数量（家）	占比（%）
食品、饮料制造业	6	6.98
纺织业、服装业	10	11.63
造纸、印刷业	2	2.33
化学原料及制品制造业	4	4.65
医药制造业	13	15.12
橡胶和塑料制品业	5	5.81
非金属矿物制品业	6	6.98
金属制品业	7	8.14
通用设备制造业	5	5.81
专用设备制造业	8	9.30
汽车制造业	5	5.81

行业分布	数量（家）	占比（%）
电气机械及器材制造业	4	4. 65
计算机、通信和其他电子设备制造业	10	11. 63
燃气生产和供应业	1	1. 16
总计	86	100. 00

资料来源：本书整理。

二、上市公司年报编码分析过程

以往研究使用管理者所写文本或口头陈述来测量管理认知的知识结构（Auh，Menguc，2005；Nadkarni，Narayanan，2007；Nadkarni，Barr，2008），大多采用年报中的致股东的信（LTS）或管理层分析讨论部分。本书"管理层讨论与分析"和"公司未来发展的展望"等部分文字内容能够有效地克服文本分析中内容精确度问题（Nadkarni，Narayanan，2007）。首先，上市公司年报作为企业向公众公开的文件，需经由管理者同意和审核，用以传达公司当前发展、经营情况和未来发展战略的展望，管理者本人未必会全程参与年报的撰写过程，但对报告的结构设计和报告发布前的内容审核，都是企业高层管理者的重要任务，因此这些内容能够准确地反映管理认知。其次，公司网站发布的新闻或企业领导者的讲话发布情况具有周期不稳定、企业间差异大的特点，因而不适于作为本书的数据来源，与上市公司其他文本材料相比，年报内容更加全面、客观和准确。再次，已有研究对企业内部文件与上市公司年报数据的一致性进行分析后发现两者差异并不显著（Fiol，1991），由此更加确认"管理层讨论与分析"和"公司未来发展的展望"等部分文字内容具有较高的准确性和与其他研究材料的一致性，可以作为分析管理认知的有效数据来源。此外，国内外已有较多研究者采用上市公司年报作为分析材料，用以分析和刻画管理者决策的认知基础和对行业、环境等因素的解释（Levy，2005；Eggers，Kaplan，2009）。因此，本书认为可以采用上市公司年报中"管理层讨论与分析"和"公司未来发展的展望"等部分文字内容来测量管理认知的知识结构。

本书编码过程严格按照质性研究方法的编码过程，参考利维（Levy，2005）、纳德卡尼和纳拉扬（Nadkarni，Narayanan，2007）等研究中的编码过程，尽可能地排除编码过程中的认知偏差和认知偏见带来的影响，保证编码过程的信度和效度。

（一）原始材料准备

通过巨潮网获取选定样本公司的年报，将年报中"管理层讨论与分析""董事会分析""公司未来发展展望"等内容摘取并单独保存作为文本分析的原始材料。

（二）词汇库构建

词汇库的构建是编码分析的关键步骤，通过将原始词汇的筛选和原始词汇与构念的关系对应确立自动分析的规则。第一步，将前述原始材料进行词汇拆分，获得原始词汇12740个。第二步，由三位企业管理专业的博士生在熟读利维（Levy，2005）、纳德卡尼和纳拉扬（Nadkarni，Narayanan，2007）等文献的基础上共同确定编码原则，对原始词汇进行筛选，保留与环境、战略、组织、资源等相关的词汇。三位研究者所得的词汇库数量分别为639、765和565个，三位编码者间肯德尔一致性系数为0.82，一致性较高，编码者间信度较高，总体编码结果可信度较高。第三步，将三位编码者的编码结果进行汇总，对存在异议的词汇进行讨论，确定入选的原始词汇，并基于纳德卡尼和纳拉扬（Nadkarni，Narayanan，2007）的研究将原始词汇进行归类。最终确定词汇库如表4-2所示，包括534个原始词汇、33个构念和6个编码类别，为后续自动编码确定编码准则。

表 4 - 2 编码词汇

类别	构念	原始词汇
环境	宏观环境	波动，不景气，不确定性，城市化，城镇化，低迷，地缘，动荡，反腐倡廉，房地产调控，浮动汇率，改革开放，供给侧改革，国际经济，国民经济，国内经济，国有企业改革，宏观经济，宏观调控，宏观政策，回落，回暖，回升，汇率，机遇，减税，结构调整，金融风暴，经济调控，经济危机，经济形势，绿色产业，欧债危机，全面改革，深化改革，失业率，十八大，世界经济，数字城市，体系改革，体制改革，调控政策，调整期，通货膨胀，通胀，新常态，新机制，一带一路，有利时机，振兴，政策风险，政策改革，政策支持，政府调控，智慧城市，中国制造2025，转型期
	进入壁垒	壁垒，产业集中度，规模经济，配额制，市场准入，稀缺
	竞争者	饱和，产能过剩，供不应求，供大于求，供过于求，寡头，竞争对手，模仿，挑战者，择优
	替代市场	竞品，竞争产品，替代产品
	产业变革	产业革命，产业结构调整，产业升级，产业调整，工业化，互联网，机械化，全球化，三网融合，市场化，数字化，退二进三，信息化，移动互联网，智能化，自动化
	市场环境	产业需求，成熟期，成长期，发展空间，发展期，行业竞争，行业需求，客户群，前景，市场变动，市场机遇，市场经济，市场竞争，市场空间，市场前景，市场需求，外汇市场，新兴市场，需求量，政府采购
	供应商	产供销，分包，供给，供货，供应，外包，原材料，原料，自制
企业战略	合作联盟	并购，产学研，对外投资，合伙，合资，合作，兼并，结盟，联盟，强强联合，收购，同盟，战略伙伴，招商引资
	组合分析	集群，扬长避短，扬长补短，业务聚焦，整合，资源配置
	公司治理	国际化经营，国际化战略，分权，股权激励，管理创新，管理体制，规范化，科学决策，群策群力，融资，商业模式创新，事业部制，投资决策，治理结构，自上而下

企业创新二元性：管理认知视角

类别	构念	原始词汇
企业战略	愿景	产业化，创新型，独家，独具特色，独占鳌头，多元化，高端化，高品位，国内领先，举世瞩目，跨界，里程碑式，领先地位，前瞻性，全球第一，世界级，世界性，世界一流，一体化，远见卓识，制高点，主宰，专业化
	内部增长	扩产，扩充，扩大，扩建，扩宽，扩能，扩容，扩散，扩展，扩张
战略行动	服务相关的行动	服务创新，服务网，服务型，顾客需求，客户导向，客户服务，客户开发，售后服务，消费需求，新客户，用户需求，优质服务
	新产品相关的行动	产品创新，产品结构，产品升级，产品研发，创新性，创造性，更新换代，攻关，攻坚，国产化，技术创新，技术改造，技术改造，技术进步，技术开发，技术升级，技术投入，技术突破，技术需求，技术研发，技术优化，经济适用，科技成果，科技创新，科学技术，科研创新，升级换代，实用型，研发创新，研发投入，自主创新
	营销战略行动	产销，出口，出售，代销，对外贸易，多渠道，分销，广告，进口，经销商，库存，扩销，零售，内销，品牌建设，品牌战略，倾销，外贸，外销，销售策略，销售服务，销售管理，销售模式，销售渠道，销售商，销售网，销售战略，以销定产，营销策略，营销模式，营销渠道，营销网络，营销组织模式，直销，自销，自营
	低成本/价格的行动	成本费用，成本核算，成本控制，成本优势，低价，费用成本，费用率，费用支出，规模化，价格优势，价格战，减排，降耗，节约，开源节流，劳动力成本，生产成本，性价比，增收节支
	能力相关的行动	安全生产，标准化，产出率，服务能力，高效化，管理能力，管理水平，核心竞争力，核心能力，机器人，技术能力，竞争力，竞争能力，设计能力，生产能力，市场竞争力，市场竞争能力，效能，研发优势，研发中心，营销能力，智能制造，资金能力
资源	人力资源	持之以恒，管理人才，技术力量，技术人才，技术人员，经验，劳动力，人才队伍，人才库，人工费，人员结构，营销人才，优秀员工，员工素质，智力，忠诚

114

类别	构念	原始词汇
资源	组织有形资源	成本管理体系，管理机制，管理制度，规范管理，规章制度，架构，组织结构
	技术资源	创新奖，创新力，创新能力，创新体系，创造力，高技术，高科技，高新技术，国家火炬计划，国家火炬支撑计划，技术中心，生产工艺，生产流程，专利
	物质资本	厂房，工厂，设备，生产线，土地
	组织无形资源	品牌影响力，品牌优势，荣誉，商标，声誉，信誉度，知名度，知识
	财务资源	财力，杠杆，现金，资金
绩效	产品性能	不合格，产品质量，返修，高品质，合格率，零缺陷，耐久性，耐用，品质，增加值
	战略绩效	差异化，成功率，行业领先，行业优势，后发优势，话语权，经营质量，竞争优势，可持续发展，满意度，满意率，美誉度，名列前茅，逆势增长，市场把控力，市场地位，市场份额，市场占有率，效益，运营效率，周转率，自主权，综合实力，组织效率
	制造绩效	高效率，生产效率，生产质量，制造质量，生产率，运转率
	财务绩效	创汇，分红，高效益，回报率，经济效益，净资产，利率，利润，毛利率，扭亏为盈，扭亏增盈，收益，收益率，现金流，销售额，销售量，销售率
战略实施	组织结构	扁平，复杂化，简政放权，精兵简政，开放式，统筹，统领，一站式
	人员管理	定向培养，队伍建设，岗位分析，激励机制，激励模式，激励制度，减员，奖罚分明，奖优罚劣，晋升，考核，培训，培养，人才管理，人才机制，人才配置，人才吸引，人才选拔，人才引进，人才战略，人力资源管理，淘汰制，团队建设，选拔，选材，选派，选聘，选人，选育，招聘
	战略流程	发展规划，发展思路，发展战略，经营方针，经营风险，经营管理，经营理念，经营思路，精简，聚焦，流程优化，流程再造，路线图，全套解决方案，投产，循序渐进，业务运作，优势互补，运营质量，战略布局，战略高度，战略规划，战略驱动，制度化，资源节约

类别	构念	原始词汇
战略实施	战略控制	风险管控，沟通，规范运作，绩效管理，绩效评估，内部管理，内部控制，内部协同，内控，品牌运作，审批权，审批制，业务运作，质量安全，质量管理，质量监管，质量控制，质量体系建设，资金风险，经营目标，市场风险，预算，资金管理
	文化构建	奋发图强，奋发向上，奋发有为，核心价值观，集体主义，居安思危，领导力，凝聚力，凝心聚力，企业精神，企业文化，企业宗旨，文化建设
	战略变革	改革创新，工艺改进，管理变革，海外拓展，渐变，内部改革，突变，稳步前进，稳中求进，异军突起，因循守旧，重构，重建，重组

资料来源：本书整理。

（三）计算机程序编码

基于前述编码准则，对每一个样本的原始文本材料进行分析，获取原始文档字数、每个构念出现的词频和构念间的共词矩阵，其中共词矩阵以每一个句号作为分句依据。具体的共词矩阵示例如表4-3所示，其中横坐标和纵坐标均为编码所得的核心构念。计算机程序编码的实现过程如下：首先查找原始文本，将原始词汇表中的原始词汇进行标记，并替代为对应的核心构念，在此基础上进行共词矩阵的计算，在共词矩阵中的对应位置输入两个核心构念同时出现的句子数目，如表4-3所示的共词矩阵所示，"宏观环境"和"产业变革"同时出现的句子数为4，因此对应位置的数字为4，而"进入壁垒"与"竞争者"同时出现的句子数为0，因此对应位置的数字为0，所有矩阵皆为对称矩阵。本书以共词矩阵来表征企业高层管理者的认知结构，虽然失去了概念之间的方向关系，但本书关注认知结构中的复杂度和专注度，因此对本书是适用的。

表 4 – 3　　　　　　　　管理认知的共词矩阵示例

	宏观环境	进入壁垒	竞争者	替代市场	产业变革	市场环境	供应商	合作联盟	组合分析	公司治理	愿景	内部增长
宏观环境	0	0	0	0	4	2	0	1	1	0	1	0
进入壁垒	0	0	0	0	0	0	0	0	0	0	0	0
竞争者	0	0	0	0	0	0	0	0	0	0	0	0
替代市场	0	0	0	0	0	0	0	0	0	0	0	0
产业变革	4	0	0	0	0	0	0	1	2	0	3	0
市场环境	2	0	0	0	0	0	1	0	0	0	1	0
供应商	0	0	0	0	0	1	0	0	0	0	0	0
合作联盟	1	0	0	0	1	0	0	0	4	0	0	0
组合分析	1	0	0	0	2	0	0	4	0	0	0	0
公司治理	0	0	0	0	0	0	0	0	0	0	0	0
愿景	1	0	0	0	3	1	0	0	0	0	0	0
内部增长	0	0	0	0	0	0	0	0	0	0	0	0

资料来源：本书程序运行结果。

三、概念界定与变量测量

（一）管理认知

本章从静态视角考察管理认知，将管理认知定义为管理者在长期经营活动中所形成的在战略决策时所应用的知识结构；将管理认知划分为两个维度：认知结构的复杂性和认知结构的专注性。

管理认知结构的复杂性主要用来衡量管理认知的知识结构中关于环境、战略、资源和组织等构念的宽度，以及构念之间的连通性。本书参考纳德卡尼和纳拉扬（Nadkarni，Narayanan，2007）和庞学卿（2016）的研究，从综合性和连通性两个维度对管理认知的复杂性进行测量，其中综合性用共词矩阵中出现的构念数量 Np 来测量，连接性用共词矩阵中构念之间的连接数量 Nr 与总的构念数量的比值来衡量（Nr/Np）（Auh，Menguc，2005）。在此基础上，利用主成分分析进行提取，结果显示主成分占总方法解释的81.11%，可见主成分能够有效地反映综合性和连通性两个变量的大部分变异水平，因此本书将使用主成分得分取值来衡量管理认知的复杂性，该值越高表明管理认知结构的复杂性越高。

管理认知结构的专注性主要衡量管理认知的知识结构集中于少数构念的程度。现有的研究发现可以用接近中心性和特征向量中心性来刻画管理认知结构的专注性（Auh，Menguc，2005；Nadkarni，Narayanan，2007）。本书选用接近中心性作为管理认知结构的专注性的测量方式。由于本书所得的共词矩阵为含权重的矩阵，因此不能用 UCINET 等软件直接分析。本书使用 Matlab R2016b 软件中关于接近中心性的函数进行分析，得到所有观测值对应的接近中心性数值。接近中心性越高，管理认知结构的专注性也越高，即企业管理认知结构更集中于少数的构念。

（二）组织二元性

组织二元性是指企业在探索和利用活动上的平衡能力，因此测量组织二元性需要测量探索和利用活动。探索是指组织积极寻求颠覆性创新，探索新的市场、技术和产品的战略，企业中最能体现探索行为的是研发费用强度（R&D intensity），即研发费用与营业收入的比值。利用是指对现有市场、技术和产品的改进、拓展，主要表现在效率提升、成本节约等方面，本书采用营业成本率作为代理变量来测量利用活动，企业营业成本率越低，营业成本就越少，也即运营效率越高，利用活动开展越多。

组织二元性的计算参考相关学者的研究（He，Wong，2004；Cao，Gedajlovic，Zhang，2009），采用交互和平衡两种方式来测量组织二元性：（1）平衡二元性定义为企业在探索式创新和利用式创新之间的资源分配相对均衡，探索式创新和利用式创新两者得分差值的绝对值越小的企业，越具有平衡二元性，为方便后续解释，用1减去探索式创新和利用式创新的绝对差值来衡量平衡二元性，当这一得分越高时平衡二元性越高；（2）结合二元性定义为企业的探索式创新和利用式创新都能取得较好的成就，用两者得分的乘积来衡量，得分越大的企业越具有结合二元性。

（三）管理自主权

以往研究中管理自主权常用代理变量进行测量，如苏文兵等（2010）、Dong 和 Gou（2010）用职位权、报酬权和运作权三个指标的正态标准值的均值来测量，其中职位权以是否存在公司董事长和 CEO 兼任来衡量，报酬权用高管团队薪酬的均值来衡量，运作权以营运资金周转率的倒数（年营运资金/年营业收入）来衡量（张三保，张志学，2014）。本书关注的是整个高管团队的自主权，与经理或 CEO 个体的自主权存在一些差异。基于个体自主权的研究，本书从以下三方面测量高管团队自主权。

（1）高管团队在董事会中的占比。高管团队在董事会中的人数占比越高，董事会的制约就会被削弱，高管团队更能够按照自身偏好进行战略选择和行动，也就是有更多的自主权。

（2）高管团队成员的平均任职时间。高层管理者的任期可间接反映其专家权和声望权，高管团队的平均任期越长，其声望权和专家权就越高，高管团队自主权越大（Adams，Hossain，1998）。

（3）高管团队持股比例。高管团队持有公司股份越多，其在战略决策中的话语权就越多，高管团队自主权越大（Li，Wang，Liu，2013）。基于此，本书通过主成分分析将以上三个指标进行综合，取其均值测量管团队自主权。

（四）控制变量

根据以往研究，本书采用企业规模、年龄、员工数和企业性质作为控制变量。企业规模以总资产取对数进行测量；企业年龄为研究当年与企业成立年份的差值；企业员工数为企业员工数目的对数；

企业性质为虚拟变量，将国有企业赋值为1，其他企业赋值为0。

四、计量模型和分析

本书主效应的计量模型如下：

$$平衡二元性_{i,\,t+1} = \delta + \beta_1 \times 企业规模_{i,\,t} + \beta_2 \times 企业年龄_{i,\,t}$$
$$+ \beta_3 \times 员工数目_{i,\,t} + \beta_4 \times 企业性质_{i,\,t}$$
$$+ \beta_5 \times 认知专注性_{i,\,t} + \beta_6 \times 认知复杂性_{i,\,t} + \varepsilon_{i,\,t}$$

$$结合二元性_{i,\,t+1} = \delta + \beta_1 \times 企业规模_{i,\,t} + \beta_2 \times 企业年龄_{i,\,t}$$
$$+ \beta_3 \times 员工数目_{i,\,t} + \beta_4 \times 企业性质_{i,\,t} + \beta_5$$
$$\times 认知专注性_{i,\,t} + \beta_6 \times 认知复杂性_{i,\,t} + \varepsilon_{i,\,t}$$

其中，i 指代具体的企业，t 为年份，取值为 2011 年至 2014 年。

在进行面板数据回归分析之前，需要先判断是否存在固定效应或随机效应，相应的选择使用固定效应模型或随机效应模型，可以通过对两个模型中统一参数的估计量的差异进行显著性检验来实现，即豪斯曼检验（范柏乃，2014）。具体检验步骤如下：（1）估计固定效应模型，存储相应的估计结果；（2）估计随机效应模型，存储相应的估计结果；（3）进行豪斯曼检验，对比两种模型的结果优劣；（4）根据检验结果进行结果判断。

执行豪斯曼检验结果显示，豪斯曼检验对应的 p 值为 0.2991，因此接受原假设，随机效应模型更为适合。对第二个计量模型进行相同的检验，豪斯曼检验对应的 p 值为 0.2061，原假设同样接受，因此本书适合采用随机效应模型。

为了保证本书的回归模型能够正确地做出统计推断，在对面板数据进行分析之前，需对模型进行多重共线性问题（multicollinearity）、自相关（autocorrelation）问题和异方差（heteroscedasticity）问题检验（马庆国，2002）。只有在排除这些问题之后，才能保证回归分析符合计量统计的基本前提假设，保证后续的实证统计结果具有较高的可靠性和稳定性（Cohen et al.，2003）。共线性问题在下一节进行说明，以下对自相关和异方差问题进行检验。

1. 自相关问题检验

自相关（autocorrelation）问题也称为序列相关，是指时间或空间排序的观测值序列之间存在相关性问题，当存在自相关问题的时候，OLS 估计仍是线性、无偏并且符合渐进正态分布的，但它不再是最有效的估计量，即不再是最优线性无偏估计量（BLUE）。对两个模型所用变量进行检验，$p = 0.8357$，结果不显著，说明并不存在严重的自相关问题。

2. 异方差问题检验

经典线性回归模型假设总体回归函数中的干扰项是同方差的（homocedasticity），当存在异方差问题时，回归所得的系数不再是最优线性无偏估计量（Cohen et al.，2003）。使用 xttest 3 指令进行检验，$p = 0.0000$，结果显著说明存在异方差。

综上所述，检验发现不存在明显的自相关问题，但存在异方差问题。因此本书采用 FGLS 方法来修正，本书使用 xgls 命令进行回归分析，并用 panels（heteroscedasticity）控制异方差，对研究模型进行分析。

第四节　实证检验过程和研究结果

一、相关性分析

本书采用 Stata 软件进行计量分析，对自变量和调节变量都经过中心化处理后再进行分析，避免在引入自变量和调节变量之后引发多重共线性问题。对本书所用的变量进行描述性统计，其均值、标准差和变量之间的相关性分析如表 4 - 4 所示。结果表明，主要

表 4 - 4   变量相关性分析

	均值	标准差	1	2	3	4	5	6	7	8	9
1. 平衡二元性	-0.2041	1.1752	1								
2. 结合二元性	-0.36797	1.5970	0.821***	1							
3. 专注性	-0.04768	0.00782	-0.006	-0.079	1						
4. 复杂性	-0.06487	0.20877	0.079	0.102	-0.043	1					
5. 管理自主权	-0.08637	1.8576	0.124	0.049	-0.162	0.000	1				
6. 企业规模	7.3809	1.0125	0.114	0.051	0.154	-0.003	-0.012	1			
7. 企业年龄	19.267	3.6345	0.123	0.084	0.032	-0.042	-0.006	0.229***	1		
8. 员工数目	22.514	1.3252	0.091	0.021	-0.109	-0.077	0.397***	0.184*	0.072	1	
9. 企业性质	0.46511	0.5017	0.105	0.169	-0.033	-0.081	0.033	0.191*	0.112	0.305***	1

注：***、**和*分别表示 $p < 0.01$、$p < 0.05$ 和 $p < 0.1$。

变量之间的相关系数均未超过 0.6，进一步的统计检验结果表明，回归方程的方差膨胀因子（VIF 值）未超过 10，说明并未出现严重的共线性问题，适合进行后续的统计分析。

二、回归分析

首先，分别以平衡二元性和结合二元性为因变量，将企业规模、企业年龄、员工数目和企业性质等控制变量放入模型进行回归分析，分别得到模型（1）和模型（2）。其次，分别在模型（1）和模型（2）的基础上加入认知专注性和认知复杂性两个核心自变量，分别得到模型（3）和模型（4）。最后，在模型（3）和模型（4）的基础上，将高管团队管理自主权作为调节变量纳入模型，分别得到模型（5）和模型（6）。具体的回归结果见表 4-5。

表 4-5　　　　　　　实证分析结果

变量	模型（1）平衡二元性	模型（2）结合二元性	模型（3）平衡二元性	模型（4）结合二元性	模型（5）平衡二元性	模型（6）结合二元性
专注性			-0.235 ** (-2.38)	-0.206 *** (-3.23)	-2.697 *** (-2.66)	-1.122 * (-1.85)
复杂性			0.261 *** (2.64)	0.221 *** (3.42)	0.306 *** -3.29	0.148 ** -2.02
专注性×管理自主权					-10.725 ** (-2.44)	-4.385 * (-1.66)
复杂性×管理自主权					-0.032 (-0.47)	-0.004 (-0.08)
管理自主权					-0.451 ** (-2.02)	-0.177 (-1.33)

变量	模型（1）平衡二元性	模型（2）结合二元性	模型（3）平衡二元性	模型（4）结合二元性	模型（5）平衡二元性	模型（6）结合二元性
企业规模	0.113 *** (3.95)	0.001 (0.05)	0.079 *** (2.61)	-0.008 (-0.42)	0.079 *** -2.72	0.008 -0.42
企业年龄	0.016 ** (2.41)	0.020 *** (5.15)	0.022 *** (3.20)	0.020 *** (4.42)	0.029 *** -5.01	0.018 *** -5.03
员工数目	0.092 *** (4.46)	-0.012 (-1.27)	0.099 *** (4.44)	-0.008 (-0.59)	0.015 -0.67	-0.053 *** (-3.53)
企业性质	0.197 *** (3.81)	0.354 *** (11.43)	0.206 *** (4.08)	0.342 *** (10.24)	0.177 *** -3.58	0.336 *** -9.1
常数项	-3.363 *** (-6.93)	-0.489 *** (-2.59)	-3.375 *** (-6.34)	-0.505 * (-1.67)	-1.774 *** (-2.98)	0.374 -1.07

注：*** 、** 和 * 分别表示 $p<0.01$、$p<0.05$ 和 $p<0.1$。

（一）控制变量模型

从模型（1）的回归结果可以看出企业规模（$\beta=0.113$，$p<0.01$）、企业年龄（$\beta=0.016$，$p<0.05$）、员工数目（$\beta=0.092$，$p<0.01$）和企业性质（$\beta=0.197$，$p<0.01$）都对平衡二元性有显著的影响。具体而言，当企业规模越大、企业成立时间越久、员工数量越多，就更能够平衡企业探索与利用活动，相比其他企业而言，国有企业的平衡二元性较高。从模型（2）的回归结果可以看出企业年龄（$\beta=0.020$，$p<0.01$）和企业性质（$\beta=0.354$，$p<0.01$）对结合二元性有显著的影响。具体而言，当企业成立时间越久，就更能够发挥企业探索与利用活动之间的互补作用，相比其他企业而言，国有企业的结合二元性较高。

（二）主效应模型检验

模型（3）的回归结果显示：专注性（$\beta = -0.235$，$p < 0.05$）和复杂性（$\beta = 0.261$，$p < 0.01$）对平衡二元性的影响显著。具体而言，管理认知结构复杂性对平衡二元性有显著的正向影响，而专注性对平衡二元性有显著的负向影响，假设 1a 和假设 2a 得到验证。模型（4）的回归结果显示：专注性（$\beta = -0.206$，$p < 0.01$）和复杂性（$\beta = 0.221$，$p < 0.01$）对结合二元性的影响显著。具体而言，管理认知结构专注性对结合二元性有显著的负向影响，而复杂性对结合二元性有显著的正向影响，假设 1b 和假设 2b 得到验证。

（三）调节效应检验

模型（5）和模型（6）的回归结果显示：管理自主权与专注性的交互项对平衡二元性有显著影响（$\beta = -10.725$，$p < 0.05$），管理自主权强化了专注性对平衡二元性的负向影响；管理自主权与复杂性的交互项对平衡二元性的影响不显著（$\beta = -0.032$，$p > 0.1$）；管理自主权与专注性的交互项对结合二元性有显著影响（$\beta = -4.385$，$p < 0.1$），管理自主权强化了专注性对结合二元性的负向影响；管理自主权与复杂性的交互项对结合二元性的影响不显著（$\beta = -0.004$，$p > 0.1$）。综上所述，假设 3b 和假设 3d 得到验证，假设 3a 和假设 3c 没有得到验证。

三、结果讨论

本书提出了一系列关于管理认知、组织二元性和管理自主权的研究假设，通过以上的实证分析，部分研究假设得到了验证而部分研究假设未通过验证，具体情况如表 4 - 6 所示。

表 4-6　　　　　　　　　研究假设检验结果汇总

假设	假设内容	检验结果
假设 1a	管理认知的复杂性越高，企业更好地保持探索和利用活动的平衡，即平衡二元性越高	成立
假设 1b	管理认知的复杂性越高，企业能更好地促进探索和利用活动的互补，即结合二元性越高	成立
假设 2a	管理认知的专注性越高，企业越难以保持探索和利用活动的平衡，即平衡二元性越低	成立
假设 2b	管理认知的专注性越高，企业越难发挥探索和利用活动的互补性，即结合二元性越低	成立
假设 3a	管理自主权越高，认知复杂性对平衡二元性的正向影响也越强	不成立
假设 3b	管理自主权越高，认知专注性对平衡二元性的负向影响也越强	成立
假设 3c	管理自主权越高，认知复杂性对结合二元性的正向影响也越强	不成立
假设 3d	管理自主权越高，认知专注性对结合二元性的负向影响也越强	成立

　　假设 1a 和假设 1b 关注了管理认知复杂性与组织二元性的关系。假设 1a 预测了管理认知结构复杂性越高，平衡二元性也就越高，即管理认知的复杂性能促进探索和利用活动的平衡。假设 1b 预测了管理认知结构复杂性越高，结合二元性也就越高，即管理认知的复杂性能促进探索和利用活动之间的互补作用。以上假设在实证分析中都得到了证实。管理认知结构的复杂性越高，说明高层管理者在"环境""企业战略""战略行动""资源""绩效""战略实施"等概念之间的关注广度越宽、概念之间的连通性越大（Nadkarni，Narayanan，2007）；高层管理者越能在探索和利用活动之间保持与企业战略和环境匹配的平衡状态，而且能够在保持两者平衡的基础上发挥探索和利用活动各自的优势，并能发挥协同互补效应，如探索活动所获得的新知识可以提升利用的基础，利用活动能为企业带来丰富的资金和无形资源、给企业提供更多开展探索活

动的条件。高层管理者的认知结构复杂性对组织二元性的平衡维度和结合维度都有显著的促进作用，因此我们可以得出以下结论，管理认知复杂性越高，组织二元性越高。

假设 2a 和假设 2b 关注了管理认知专注性与组织二元性的关系。假设 2a 预测了管理认知结构专注性越高，平衡二元性就越低，即管理认知的专注性会抑制探索和利用活动的平衡。假设 2b 预测了管理认知结构专注性越高，结合二元性就越低，即管理认知的专注性会抑制探索和利用活动之间的互补作用。以上假设在实证分析中都得到了证实。当管理认知结构的专注性越高，说明高层管理者的关注点集中在"环境""企业战略""战略行动""资源""绩效""战略实施"等概念中的少数概念，甚至是某个概念内部的某些方面（Nadkarni，Narayanan，2007）。在这种情况下，高层管理者难以在探索活动和利用活动之间保持平衡，更可能选择探索或利用活动中的某一种作为企业战略重点，更不用说发挥探索和利用活动之间的协同互补作用了。管高层管理者的认知结构专注性对组织二元性的平衡维度和结合维度都有显著的抑制作用，因此我们可以得出以下结论，管理认知专注性越高，组织二元性越低。

假设 3a 和假设 3c 预测管理自主权正向调节管理认知复杂性对组织二元性的促进作用，即管理自主权越高，认知复杂性对平衡二元性和结合二元性的正向影响也越强。假设 3b 和假设 3d 预测管理自主权正向调节管理认知专注性对组织二元性的抑制作用，即管理自主权越高，认知专注性对平衡二元性和结合二元性的负向影响也越强。以上假设在实证分析中得到了部分验证，管理自主权对管理认知专注性和组织二元性关系的影响得到了验证，而对管理认知复杂性和组织二元性关系的影响没有通过验证。管理自主权在高层管理团队的研究具有重要的作用（Hambrick，2007），可以调节高管团队在企业战略行为和绩效结果中的影响，当管理自主权较高时高管团队的作用更突出，而管理自主权较低时高管团队的作用非常有限。本书进一步证实了管理自主权在高管团队对组织二元性的作用中的调节作用，证明了管理自主权能放大管理认知专注性对组织二元性的抑制作用，而管理自主权对管理认知复杂性和组织二元性关系的影响不显著可能是由于样本选择问题，本书选择样本均为上市公司，具有较大的规模且成立时间较长，认知复杂性程度较高，因此管理自主权的促进作用不太明显。总体来说，管理自主权的调节作用得到了较好的验证，它能放大管理认知对组织二元性的影响作用。

第五节　认知结构对组织二元性影响机制的实证检验结果

一、实证检验结论

本书基于中国沪深 A 股 86 家上市企业四年共计 306 个样本观测数据的实证研究，发现管理认知是实现组织二元性的重要影响因素，管理认知结构复杂性对组织二元性有正向影响，而认知结构专注性对组织二元性有负向影响。当认知复杂性程度较高时，高管团队的知识结构中的概念较多且不同概念之间有较好的连通性，高管团队能够对更多的外部环境中的刺激产生注意并做出反应，减少客观环境和高管团队感知到的环境之间的差异，较少产生认知偏差。而当管理认知的专注性较高时，高管团队的认知结构更集中于少数一些概念，高管团队基于这些核心概念来筛选信息、诊断问题和制定决策，导致战略决策过程中的认知偏差和认知惰性。进一步地，本书发现管理自主权在对两者关系有正向调节作用，管理自主权越大，管理认知结构的影响会更显著，即管理自主权会放大管理认知结构复杂性对组织二元性的正向影响和结构专注对组织二元性的负向影响。

二、理论贡献

本书研究的理论贡献主要体现在以下三个方面。首先，本书从微观认知视角丰富了组织二元性的前因研究。现有的研究大多从组织结构、组织文化和战略导向等组织因素出发考察组织二元性的前因，集中于企业层面的研究，忽视了组织二元性形成的微观认知机理。本书基于高阶理论构建了管理认知的结构特征与组织二元性关系的研究框架，并分别考察了基于高阶理论拓展提出的调节变量——管理自主权的调节作用，深化了组织二元性认知前因的研究。其次，从研究方法上，本书采用计算机半自动化变成方式，简化了管理认知的数据获取方式，综合了手动编码的准确性和自动编码的简便性优点，为后续研究提供了方法上的便利。最后，本书对高管团队的考察也超越了以往高阶理论中以人口学特征表征其认知特点的方法，用管理认知的结构特征表征高管团队深层的认知特点，亦是对高阶理论研究的一个推进。

三、管理启示

企业打造二元型组织有多重方法，但不论是何种途径，高管团队都是最终的战略决策者，因此企业高管团队需要不断提升自身的认知水平，提升高管团队知识结构的复杂性、降低知识结构的专注性，即提高高管团队知识储备广度，避免厚此薄彼而导致信息获取不全面。管理认知水平也表现在其战略解释的复杂程度，即能否全面、辩证地解读外界环境信息。管理认知水平极大地影响企业对外部机会信息的获取、把握和整合，可以从领导层面提升认知水平，提高企业在复杂动荡环境中的适应能力，帮助企业更好地协调探索和利用活动之间的关系，进而发挥两者的协同效应，提高企业竞争力。企业在战略选择、技术创新等方面保持二元平衡是一个非常复杂的过程，而高管团队在这一协调、平衡过程中具有不可替代的作用。为了更好地构建二元型组织，高管团队一方面要扩宽视野、增加自身知识结构的内容，另一方面也要避免过度关注某些内容而形成知识刚性。从高管团队视角来看，高管团队自主权具有重要影响，能够放大高管团队的决策行为，因此在实践管理中，应当尽可能寻找高管自主权与其认知结构之间的匹配，从而获取最佳组织二元水平。

第六节　本章小结

本章基于中国沪深 A 股 86 家上市企业四年共计 306 个样本观测数据的实证研究，证明了管理认知的知识结构对组织二元性的影响机制，并探讨了管理自主权对其影响的调节作用。研究发现，管理认知复杂性对组织二元性具有促进作用，而管理认知专注性对组织二元性具有抑制作用，管理自主权在以上关系中具有调节作用，管理自主权会强化管理认知对组织二元性的影响作用。本章研究丰富了管理认知结构（包括复杂性和专注性）的研究，在方法上提高了对认知地图数据获取的效率，在此基础上探讨了管理认知结构与组织二元性的关系，发现了企业构建二元型组织的微观基础。

第五章 //

管理认知过程对组织二元性的影响

本章关注管理认知的过程对组织二元性的影响。从认知过程来看，可以将管理者认知划分为环境搜索（environmental search）和战略解释（strategic interpretation）两个维度。环境搜索，也称为注意力焦点（attention focus），是管理者对外界信息的扫描环节，而战略解释属于管理者的信息解释环节。对于注意力的理解有两种不同的观点：一种观点关注内容，认为注意力是与决策相关的众多刺激因素中占据决策者意识的那个刺激因素（Fiske，Taylor，1991）；另一种观点关注过程，认为注意力配置是指决策者把自己有限的信息处理能力配置给与决策相关的刺激因素的过程，包括对刺激因素的关注、编码、解释和聚焦（Sproull，1984）。战略解释，也称为因果逻辑（causal logic）、意义建构（sense making），是企业高层管理者对外界环境因素的解读和评价，是高层管理者通过选择和简化等方式处理大量的、繁杂的外部环境信息的过程（Dutton，Jackson，1987；White，2003）。战略解释是企业决策者感知到的概念之间的因果关系（Nadkarni，Barr，2008；尚航标，2010），是企业制定决策的主要基础，因而会对战略决策的制定、理解和传播产生深远的影响（Fiske，Taylor，1991；Huff，1992）。

管理认知理论提出，企业管理者的战略决策是由其对环境的解释所决定的，并非客观环境的直接影响。在相同的外部环境条件下，不同企业也会表现出不同的反应并采取截然不同的战略（Dutton，Duncan，1987）。出现这种差异性反应的一个重要原因就是高层管理者对外部环境的战略解读不同。一方面，个体接收环境信息的能力是有限的，高层管理者可能根据自身偏好选择性地接收外部环境信息；另一方面，个体的信息处理能力是有限的，在有限理性的限制下，高层管理者很难对外部环境信息做出完整、全面的解释。因此，高层管理者的主观认知解释决定了外部环境信息的接收、处理和对其的反应（Nadkarni，Barr，2008）。大量研究已经证明高层管理者的战略解释会影响企业的战略行动，包括企业战略变革（Thomas，1992）、创新行为（Plambeck，Plambeck，2012）、公司创业（Yuan，Bao，Olson，2017）、外部知识搜索（Liu，Chen，Kittilaksanawong，2013）和多元化战略（王永健，2014）等。

当管理者面对模糊的、混杂的外部环境信息时，需要根据自身认知图式或认知偏好对所获信息进行分类或贴标签，降低环境信息的复杂度，进而在简明的标签信息基础上采取应对措施。这些认知分类体系和简明标签可以帮助管理者更有效地存储和处理信息（Sharma，2000；White，Varadarajan，Dacin，2013）。达顿和杰克逊（Dutton，Jackson，1987）提出将对外部环境的战略解释分为威胁解释和机会解释，认为威胁和机会分别代表高层管理者在分析外部环境信息时所采用的两种认知图式，其中威胁解释将外部环境视为消极的、损失概率高并且难以控制的，机会解释将外部环境视为积极的、获益概率高并且可以控制的。威胁解释和机会解释之间存在相关性，但两者并不是简单的负向关系，是对环境信息进行归类的两种极端的选择，两者是彼此独立的构念（Chattopadhyay，Glick，Huber，2001）。

近来的研究发现面对高度复杂的外部环境信息，企业高层管理者可能出现矛盾性解释（ambivalent interpretation），即对同一个事物同时产生消极和积极的感知，同时存在威胁解释和机会解释两种竞争性的解释（如 Gilbert，2006；Plambeck，Weber，2009；Plambeck，Weber，2010；Tuggle，Bierman，2010）。威胁解释和机会解释并不是非此即彼的关系，两者共存的时候，管理者对外部环境信息的解读会更加全面和综合，会对组织的战略过程和绩效结果产生重要的影响。已有研究发现矛盾性解释可以防止管理者对外部环境的过度简化、增强管理思维深度（Fiol et al.，2003）、提高参与问题解决的积极性（Piderit，2000）、提高企业的创造力（Fong，2006）和战略反应速度（Levinthal，Rerup，2006）。普兰贝克和韦伯（Plambeck，Weber，2009）从行为理论视角提出当威胁解释和机会解释共存时，管理者更可能脱离现有路径去寻求新的解决方案。

本章探讨高层管理者对外部环境的解释对组织二元性的影响，在此可以将组织二元性视为企业创新战略的一种选择，即同时开展探索式创新和利用式创新，对企业发展具有重要意义。本章首先考察战略解释对组织二元性的两个基本组成——探索式创新和利用式创新的影响，即机会解释和威胁解释与企业探索式和利用式创新的关系。在此基础上，进一步考察矛盾性解释对组织二元性的影响，并提出行动一致性的调节作用。本章采用问卷调查方法获取数据，通过 207 份问卷数据，对本章提出的研究假设进行验证。

第一节　战略解释和企业双元创新战略

不同的企业高层管理者会对外部环境产生不同的战略解释（Thomas，Mcdaniel，1990）。本书中将管理者的战略解释定义为管理者对当前的商业环境的判断，将其归类为机会抑或威胁（Staw，Sanderlands，Dutton，1981）。机会解释是指管理者对外部商业环境的正面感知，即具有可获益性和较大的控制能力；而威胁解释是指管理者对外部商业环境的负面感知，即具有潜在的损失和较小的控制能力（Dutton，Jackson，1987）。总的来说，两种解释都暗含对紧急性、困难度和风险性的感知，进而触发不同的企业行为，因此两种解释都会影响企业的战略行动的方向和强度。

威胁刚性假设（Threat-Rigidity Hypothesis）分析管理者对机会和威胁解释的反应是广为认可的（George，Chattopadhyay，Sitkin，Barden，2006）。威胁刚性假设提出，当面对威胁时，企业更可能选择熟悉的路径，即表现出威胁刻板效应（George et al.，2006；Staw，Sanderlands，Dutton，1981）。选择广为接受、相对稳妥的战略路径，管理者可以规避风险、减小损失，在相对不可控的环境中重获控制权。相反，选择新的路径去追求新的机会的行为伴随着较高的风险性，更容易使组织在不确定的环境中遭受失败（George等，2006）。

企业的创新战略可以分为探索式创新和利用式创新，已有大量的实证研究证明，探索式创新和利用式创新对企业绩效具有重要作用。探索式技术创新是依靠当前知识或者脱离既有知识来进行新产品设计或开发新市场，从而形成新的知识基础，包括开发新技术、拓展新市场；利用式技术创新则是在现有知识基础上提升组织的既有技能、过程和结构，包括改进、拓展现有产品和服务。

当管理者感知到外部环境是威胁时，容易产生焦虑和压迫感，以至于探索式创新的不可预测性、不可控性和潜在的损失得到放大和凸显，迫使管理者采取规避风险的战略选择（Staw，Sanderlands，Dutton，1981；Chattopadhyay，Glick，Huber，2001）。威胁解释的管理者在资源分配上，将更倾向于能够短期内有稳定利润回报的利用式活动，而避免将资源分配到回报周期长、高不确定性的探索式活动。利用式创新关注对现有市场的深度挖掘、对现有流程的改进和效率的提升，具有相对稳定的利润回报，可以强化企业现有能力，而探索式活动关注对新市场的开拓、对新技术新流程的开发，利润回报具有周期长、回报不确定的特点，具有较高的风险性，容易强化管理者的威胁感知。因此高层管理者的威胁解释将在一定程度上引导企业开展利用式创新，而降低开展探索式创新的可能性。因此，本书提出以下假设：

假设 4a：企业高管对外部环境的威胁解释将对利用式创新有正向影响；

假设 4b：企业高管对外部环境的威胁解释将对探索式创新有负向影响。

当管理者感知到外部环境是机会时，管理者认为自身具有较大的获益可能性和较强的控制能力，企业处于相对优势的环境中而非处于险境。因此管理者更可能做出积极、冒进的战略选择，采取进攻战略以增加企业收益（Sharma，2000；Chattopadhyay，Glick，Huber，2001）。管理者的机会感知强化了其对企业盈利和掌控局势的信心，容易唤起管理者的积极情绪而降低对潜在威胁的感知，更容易关注未来而忽视当下的发展。管理者的机会解释会促进企业突破性投入创新（Ari，Venkatraman，1992；White，Varadarajan，Dacin，2013）。机会解释的管理者在资源分配上，将更倾向于能够有较大获益潜力的探索活动，而减少在收益较少的利用活动上的投入。机会解释将强化管理者对探索活动的潜在获益机会，而忽视探索活动隐含的风险和危机，或者增加管理者克服这些风险的信心，积极开展新市场拓展、新产品开发和新流程引进等活动，以期选择新颖的路径而获得更大的收益。相应地，对利用活动的关注和投入将会减少，现有市场、技术甚至存在被抛弃的可能性。因此高层管理者的机会解释将促进企业开展探索式创新，而降低在利用式创新中的投入。因此，本书提出以下假设：

假设 5a：企业高管对外部环境的机会解释将对探索式创新有正向影响；

假设 5b：企业高管对外部环境的机会解释将对利用式创新有负向影响。

第二节　战略解释和组织二元性

矛盾性解释也称为悖论式框架（paradoxical frame），概念最先起源于社会心理学的研究，主要指个体对某个客观事物同时存在正反两方面的态度和认知（Jonas, Diehl, Brömer, 1997），往往以机会或威胁两个极端的形式进行测量（Yuan, Bao, Olson, 2017）。矛盾性解释强调对冲突力量的接受而非逃避。进一步的研究发现，正面和负面的战略解释从不同的视角考察战略问题，两者有相关关系但并非此消彼长的关系，而是属于正交关系的，即两者独立存在且可以共存（Thompson, Zanna, 1995；Jonas, Broemer, Diehl, 2000；Costarelli, Colloca, 2004）。当环境复杂程度较低时，环境问题都可以快速处理并归类为机会或威胁，但随着环境复杂程度的提升，管理者难以将环境问题简单地归类为机会或威胁两种极端情况，往往会出现矛盾性的解释，即同时存在机会解释和威胁解释。

面对陌生的外部环境条件，管理者会通过将其与以往经历中或相似事件中的经验进行匹配，进而对外部环境做出反应。当管理者对外部环境是矛盾性解释时，他能够调用更多的潜在知识并考虑更多可能的回应方式，进而触发一些指向不同搜索战略的认知途径（Priester, Petty, 2001；Williams, Aaker, 2002）。将外部环境信息归类为机会或威胁，往往涉及对信息的分离和归类，这些分离包括时间维度的分离和空间维度的分离，进而降低环境的复杂程度。而矛盾性认知可以将这些分离的认知进行整合，提高管理者认知的复杂程度，有助于管理者更全面地搜集和分析信息（Merton, 1976；Plambeck, Weber, 2009）。

普兰贝克和韦伯（Plambeck, Weber, 2009）提出，管理者对战略问题解释的矛盾性程度越高，企业对此做出的战略反应所涉及的范围就越广、其风险承担能力和新颖程度就越高。矛盾性认知会促进企业家在更加广泛的选择中进行考察，拓宽备选路径的选择并有可能同时采取多种措施保障企业的发展（Plambeck，Weber，2009）。吉伯特（Gibert，2006）的研究发现，矛盾性解释也可以帮助管理者综合各个业务单元的不同评价并全面掌握不同业务单元之间的信息，避免在不同业务单元之间出现失衡，促进不同业务单元之间的信息交换和互相支持。

企业高层管理者对战略环境的矛盾性解释会促进管理者识别并接受两种相互冲突的活动（如探索和利用）同时存在，也越能够在探索活动和利用活动之间保持平衡，并在发挥探索活动和利用活动各自优势的基础上获得互补共生效应（Smith，Tushman，2005）。矛盾性解释帮助企业构建多种可能的目标条件，并通过不同目标的构建强化目标实现的动机，同时促进探索式创新和利用式创新而避免两者之间的竞争互斥。此外，矛盾性解释降低企业家对外部环境的威胁感知和恐惧，强化企业家的积极情绪，在矛盾性解释下，企业家期望通过冲突协调，获取各自的优势而避免其负面影响，发挥探索式创新和利用式创新的互补协同作用（Smith，Tushman，2005）。因此，本书提出以下假设：

假设6：管理者战略解释矛盾性水平越高，组织二元性越高；

假设6a：管理者战略解释矛盾性水平越高，企业能更好地保持探索和利用活动的平衡，即平衡二元性越高；

假设6b：管理者战略解释矛盾性水平越高，企业能更好地促进探索和利用活动的互补，即结合二元性越高。

第三节　行动一致性的调节作用

行动一致性（behavioral integration）是指一个群体内部所存在

的相互之间集体互动的程度，是高管团队研究中的一个描述高管团队整体行动一致程度的变量，主要通过考察团体成员之间合作交流的程度来进行衡量（Hambrick，1997；刘宁，张正堂，张子源，2012）。行动一致性主要包含三个过程要素：第一是信息交换，即高管团队内部成员之间真实地表达自己的观点和看法，充分共享相关的决策信息，使高管团队在信息交换的数量和质量（包括充分性、及时性、准确性）方面都比较高；第二是协作行动，即高管团队成员之间以企业整体目标和利益为行动指引，自愿自发地帮助团队内其他成员开展各自的工作，而不是基于权力等级的绝对服从或表面融洽而背后钩心斗角的关系；第三是集体决策，即团队成员清楚自身行动与团队中其他成员的行动的关联性，具有较高的战略性、整体性思维，成员之间能互相交流发展预期，并在充分讨论、沟通的基础上做出决策。这三个过程要素相互依赖、相互强化，又互相不可分割，是团队行动一致性的重要组成要素（Hambrick，1997；Hambrick，1994）。

现有研究表明，高管团队行动一致性会对企业战略行为和绩效产生显著的影响，如产品创新强度（Li，Zhang，2002）、战略反应（Carmeli，Schaubroeck，2007）和企业绩效（Carmeli，2008）。高管团队行动一致性能够使高管团队更加全面地掌握与战略问题相关信息，全面、辩证地考察战略问题，使高管团队的战略解释在团队内部广泛传播和吸收，减少团队内部的冲突。当高管团队行动一致性较低时，团队成员之间的信息由于不充分交流而存在显著差异，进而导致战略行动出现较大的冲突，企业运行可能出现各自为政的局面，而难以从整体层面协调探索和利用活动，两者难以保持平衡和互补。而当高管团队行动一致性较高时，团队成员通过充分的信息共享，对企业面临的战略问题形成全面、一致的认识，并在此基础上统筹内部资源分配，可以更好地协调探索和利用活动之间的平衡和互补。因此，高管团队行动一致性可以强化矛盾性解释在企业战略决策中的作用。因此，本书提出以下假设：

假设7：高管团队行动一致性正向调节矛盾性解释对组织二元性的正向影响；

假设7a：高管团队行动一致性会正向调节矛盾性解释对平衡二元性的正向影响；

假设7b：高管团队行动一致性会正向调节矛盾性解释对结合二元性的正向影响。

第五章的研究框架如图5-1所示。

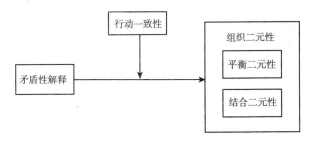

图5-1 第五章研究框架

第四节 研究方法

一、数据收集

本书样本数据采用匿名问卷形式收集，采用以下步骤进行问卷设计：（1）采用国内外权威期刊论文中的成熟量表测量本书的关键变量；（2）将英文量表翻译成中文量表后，根据中国情境和语言习惯进行修改，并将量表进行英文回译，防止问卷出现偏差；（3）请10位企业家进行预测，当面询问企业家问卷是否符合企业实际、措辞是否存在企业或其他不清楚的地方，对问卷题项进行进一步改善。

本书选取制造业企业作为研究对象，这些企业的技术创新活动相对活跃，且存在不同的创新模式。2016 年 6 ~ 10 月间在浙江省内随机抽取企业进行问卷调查，由企业总经理（CEO）进行填答。本次调查共发放问卷 500 份，回收 239 份，回收率为 47.8%。按照以下标准剔除无效问卷：（1）填写缺漏严重的问卷；（2）答案呈现明显规律性的问卷；（3）来自非竞争性行业的问卷，如来自水利、环境公共设施等行业的问卷。最终我们获取有效问卷 207 份，有效回收率为 41.4%。随后将最先收到的 30 份问卷和最后收到的 30 份问卷进行独立 T 检验，以检验未回复偏差的影响程度，检验结果显示样本在企业规模（p = 0.7202）和企业年龄（p = 0.7599）这两个变量上都没有显著性差异。

二、样本描述

本书所调查的样本的基本情况如表 5 - 1 所示，从表中我们可以发现样本主要表现出以下特点。

（1）样本企业 CEO 特征。受访的 CEO 以男性为主，女性企业家占 34.3%，而《中国性别平等与妇女发展》白皮书中报告女企业家约占企业家总数的 25%，两者数据差别不大，样本选择基本符合实际情况。样本中 CEO 年龄总体偏年轻，其中 50 岁以上的较少，而 40 岁以下的企业家占 52.66%，超过一半；而 CEO 任职时间总体不短，任职 10 年以上的企业家占 30.92%，而 5 年以上的企业家占 58.46%，超过一半。

（2）样本企业特征。从企业年龄来看，成立十年以上的企业最多，占 60.87%，新成立的企业较少。从企业规模来看，整体符合正态分布，50 ~ 100 人的企业和 100 ~ 500 人的企业最多。从企业性质来看，国有企业有 46 家，民营企业有 135 家，其他企业包括外资企业、中外合资企业等有 26 家。

表 5-1　　　　　本章研究样本的基本特征

样本特征		数量	占比（%）
CEO 性别	男性	136	65.70
	女性	71	34.30
CEO 年龄	30 岁以下	41	19.81
	30~40 岁	68	32.85
	40~50 岁	81	39.13
	50~60 岁	17	8.21
	60 岁以上	0	0.00
CEO 任职时间	1~2 年	24	11.59
	3~5 年	62	29.95
	6~10 年	57	27.54
	10 年以上	64	30.92
企业年龄	1~2 年	15	7.25
	3~5 年	38	18.36
	6~10 年	28	13.53
	10 年以上	126	60.87
企业规模（员工数）	50 人以下	44	21.26
	50~100 人	63	30.43
	100~500 人	62	29.95
	500 人以上	38	18.36
企业性质	国有企业	46	22.22
	民营企业	135	65.22
	其他	26	12.56

三、变量界定与测量

为确保测量工具的效度及信度，本书尽量采用国内外文献已经

使用过的量表。问卷题项均采用 7 分量表，7 分代表题项的描述
"非常符合"，1 分代表题项的描述"非常不符合"。具体变量的概
念界定与测量如下。

（一）自变量：战略解释（包括机会解释和威胁解释）
和矛盾性解释

战略解释是高层管理者对影响企业战略和绩效的潜在因素的评
价。现有研究认为高层管理者常用威胁—机会框架对外部环境进行
战略解释，包括机会解释和威胁解释。进一步的研究发现机会解释
和威胁解释这两种互相冲突的解释导向可能共存，是对同一事物两
面性的解释，称为矛盾性解释。

现有研究对矛盾性解释存在两种测量方式：直接测量和间接测
量。其中，直接测量方式通过直接询问问卷答题者而获得，要求答
题者评价其面对某些外界条件下的反应的矛盾程度，如张力、冲
突、矛盾、混合和混乱等词，这种方式得到的结果也称为主观矛盾
性解释。但这种方式需要假定答题者意识到其自身对某个特定事物
的矛盾心态，事实上并不是所有答题者都存在这样的心态。因此本
书采用间接测量方式，即通过分别回答对特定事物的机会解释和威
胁解释，然后通过计算整合机会解释和威胁解释得到矛盾性解释。

本书借鉴普兰贝克和韦伯（Plambeck，Weber，2010）与元等
（Yuan，Bao，Olson，2017）的研究，形成机会解释和威胁解释的
量表，如表 5 - 2 所示。

表 5 - 2　　　　　　　　机会解释和威胁解释的测量量表

子维度	题项
机会解释	我认为在当前的商业环境中本公司可以取得成功
	我认为在当前的商业环境中本公司未来发展将取得更好的业绩
	我认为当前的商业环境具有较大的潜力，有利于企业发展
	我认为当前的商业环境具有积极的作用

续表

子维度	题项
	我认为在当前的商业环境中本公司会遭受失败
威胁解释	我认为本公司未来发展将很可能取得较差的业绩
	我认为当前的商业环境可能是陷阱，不利于企业发展
	我认为当前的商业环境具有负面的影响

参考相关研究（Yuan，Bao，Olson，2017），采用以下公式计算矛盾性解释：

$$矛盾性解释 = 绝对强度 - 相似程度$$

其中，绝对强度指两种导向的强度，用机会解释和威胁解释的均值来衡量，而相似程度指两种导向的相似程度，用机会解释和威胁解释差异的绝对值来衡量。在此公式计算下，存在以下规律：（1）当机会解释或威胁解释得分较大时，随着另一种解释得分的增大，矛盾性解释得分会增加，在两种得分相同时达到最大值；（2）当两种解释得分差异越大，即越极端化时，矛盾性解释得分越低；（3）当两种解释得分相同或差异一定时，矛盾性解释得分随着两种解释得分的增长而增长。

（二）因变量：组织二元性

组织二元性是指企业在探索和利用活动上的平衡能力，因此测量组织二元性需要测量探索和利用活动。探索是指组织积极寻求颠覆性创新，探索新的市场、技术和产品的战略；利用是指对现有市场、技术和产品的改进、拓展，主要表现在效率提升、成本节约等方面。本书借鉴何和王（He，Wong，2004）的研究，形成了探索式创新和利用式创新量表，其中探索式创新包括"近三年内公司引入新一代产品""近三年内公司扩大产品范围""近三年内公司打开新市场""近三年内公司进入新的技术领域"四个题项，而利用式创新包括"近三年内公司提高现有产品的质量""近三年内公司提高生产柔性""近三年内公司降低生产成本""近三年内公司提高生产效率"四个题项。

与第四章的研究一样，本章参考何和王（He，Wong，2004）、曹等（Cao，Gedajlovic，Zhang，2009）等的研究来计算组织二元性，采用交互和平衡两种方式来测量组织二元性：（1）平衡二元性用1减去探索式创新和利用式创新得分的绝对差值来衡量平衡二元性，当这一得分越高时平衡二元性越高；（2）结合二元性用探索式创新和利用式创新得分的乘积来衡量，得分越大的企业越具有二元性。

（三）调节变量：高管团队行动一致性

高管团队行动一致性是指一个群体内部所存在的相互之间集体互动的程度，有三个主要元素：信息交换、协作行动和集体决策。与管理自主权类似，行动一致性也会影响高层管理者对企业战略决策和绩效等效应的影响。本书借鉴希姆塞克（Simsek，2005）、姚振华和孙海法（2010）的研究，形成包括9个题项的高管团队行动一致性的测量量表，具体题项如表5-3所示。

表5-3　　　　　　　　高管团队行动一致性的测量量表

子维度	题项
信息交换	高管团队内部讨论时，鼓励大家提出不同的意见
	高管团队成员的不同意见都能充分阐释并被认真考虑
	高管团队成员有不同的意见时能展开充分的讨论，哪怕产生一些争论
协作行动	当高管团队某位成员忙时，其他成员会帮忙分担工作任务
	当高管团队成员分管业务之间配合出现问题时，会互相告知并设法解决
	高管团队成员以公司利益出发，经常互相支持彼此的工作
集体决策	高管团队成员决策时，能充分地分享和借鉴相关的信息
	高管团队成员之间经常开展非正式的交流活动
	高管团队成员经常讨论彼此对公司发展的期望和要求

（四）控制变量

基于前文对管理认知和组织二元性的综述，参考以往研究的管理，本书选取了高管层面和企业层面两方面的控制变量。高管个体层面包括 CEO 性别、CEO 年龄和 CEO 任职时间；企业层面包括企业规模、企业年龄和企业性质作为控制变量。其中，CEO 年龄、CEO 任职时间、企业规模和企业年龄为连续变量，CEO 年龄为 2016 减去 CEO 出生年份，CEO 任职时间为 2016 减去 CEO 任职起始年份，企业规模以员工数量来衡量，企业年龄为 2016 减去企业成立年份；CEO 性别和企业性质为虚拟变量，当 CEO 性别取值为 1 时代表男性，而取值为 0 时代表女性；企业性质用国有企业和民营企业两个虚拟变量来衡量，当取值为 1 时分别代表国有企业和民营企业，两者取值均为 0 时代表外资企业、中外合资等其他企业。

第五节　认知过程对组织二元性影响机制的实证研究结果

一、信度、效度分析

在信度方面，各变量的克朗巴哈系数均大于或接近 0.8，显示量表的内部结构拟合度良好。在效度方面，由于量表均采用成熟量表或适度改编前人研究而来，因此具有良好的内容效度。

在聚合效度方面，因子分析结果如表 5 - 4 所示，所有变量均通过了球形检验，并且测量题项的因子载荷值均大于或接近 0.6，所有变量的 AVE 均高于 0.5，表明量表具有良好的聚合效度。通过计算发现各因子所解释的方差百分比的平方根均大于其所在列和行的所有相关系数值，说明具有较好的区分效度。量表信效度总体较好，可以开展进一步分析。

表 5 - 4   量表信度效度检验结果

潜变量	测试题项	载荷	克朗巴哈系数	AVE
机会解释	ZM1	0.6893	0.9236	0.694
	ZM2	0.7039		
	ZM3	0.5720		
	ZM4	0.5787		
威胁解释	FM1	0.7269	0.9009	0.7302
	FM2	0.8048		
	FM3	0.8963		
	FM4	0.6761		
探索式创新	TS1	0.6771	0.8509	0.5714
	TS2	0.6578		
	TS3	0.7880		
	TS4	0.7173		
利用式创新	LY1	0.8074	0.8653	0.6233
	LY2	0.7867		
	LY3	0.8455		
	LY4	0.8627		
行动一致性	YYZ1	0.6754	0.9068	0.5407
	YYZ2	0.7192		
	YYZ3	0.7617		
	YYZ4	0.6455		
	YYZ5	0.8136		
	YYZ6	0.7843		
	YYZ7	0.6765		
	YYZ8	0.7674		
	YYZ9	0.6567		

二、多重共线性和异方差问题检验

本书所用变量以连续变量为主，在对变量进行线性回归之前，需要对三大基本问题，即多重共线性（multicollinearity）、异方差（heteroscedasticity）和自相关（autocorrelation）进行检验，排除三大基本问题之后，才能保证后续的回归分析结果具有较高的可靠性和稳定性（Cohen 等，2003；范柏乃，2014）。本书为截面数据，因此不需要考虑自相关问题。

（一）多重共线性问题

所谓多重共线性，是指在多元线性回归模型中的解释变量之间由于存在精确相关关系或高度相关关系而产生的统计推断问题（范柏乃）。存在多重共线性问题时，回归系数虽然是无偏估计的结果，但回归系数估计的精确程度有所降低，回归系数的标准误差会变大，甚至出现回归系数无法估计的情况（Cohen 等，2003）。统计上常用变量间相关系数和方差膨胀因子（variance inflation facor，VIF）来检验多元线性回归模型是否存在多重共线性问题。一般来说，变量间相关系数超过 0.6，需要关注是否存在多重共线性问题，需要进一步通过 VIF 来检验。当 VIF 不超过 10 时（对应的容忍度大于 0.1），说明解释变量之间不存在严重的多重共线性。本书的检验结果如表 5 - 5 所示，回归方程的 VIF 值未超过 10，说明并未出现严重的共线性问题。

表 5 - 5　　　　本书变量的多重共线性检验

变量	VIF	容忍度
企业年龄（firm_age）	1.98	0.505385
国有企业（stateown）	1.94	0.514228
CEO 任职时间（tenure）	1.82	0.550497

续表

变量	VIF	容忍度
企业规模（size）	1.69	0.591955
民营企业（private）	1.68	0.594528
威胁解释（moc2）	1.57	0.638049
机会解释（moc1）	1.49	0.670324
CEO 年龄（age）	1.43	0.700563
CEO 性别（female）	1.08	0.921786
平均 VIF	1.63	

（二）异方差问题

异方差是指被解释变量的方差会随着解释变量的变化而呈现明显的变化趋势。因为截面数据通常涉及某一确定时点上的总体单位，异方差问题容易出现在截面数据中。当存在异方差问题时，就会导致参数估计量仍然线性无偏，但不是有效的，估计量的方差变大，预测精确度降低。本书使用 Stata 中关于 White 检验的程序包进行检验，结果发现 White 检验结果 $p = 0.075 > 0.05$，拒绝原假设，说明该回归不存在异方差问题。

三、描述性统计和相关性分析

表 5 – 6 列出了各变量的均值、标准差和变量之间的相关系数，结果表明主要变量之间均存在显著的相关关系，初步说明被解释变量有一定的解释效果。其中，探索式创新与机会解释的相关系数为 0.489（$p < 0.01$），与威胁解释的相关系数为 – 0.340（$p < 0.1$），说明探索式创新与机会解释显著正相关，而与威胁解释显著负相关。利用式创新与机会解释的相关系数为 – 0.316（$p < 0.1$），与威胁解释的相关系数为 0.406（$p < 0.01$），说明利用式创新与机会

表 5-6　变量间相关系数表

变量	均值	标准差	1	2	3	4	5	6	7	8	9	10	11	12
1. 探索式创新	4.3001	1.1921	1											
2. 利用式创新	4.4903	1.0067	0.426*	1										
3. 机会解释	4.3804	1.3869	0.489***	-0.316*	1									
4. 威胁解释	4.5266	1.1761	-0.340*	0.406***	0.018	1								
5. 行动一致性	4.6649	1.1600	0.340*	0.278	0.332***	0.484***	1							
6. CEO性别	0.6570	0.4725	0.193***	0.047	0.078	-0.108	0.168**	1						
7. CEO年龄	38.9565	8.3459	-0.161**	-0.044	-0.159**	-0.084	0.029	-0.1	1					
8. CEO任职时间	8.7971	6.4256	-0.176**	-0.032	-0.053	-0.195***	-0.059	-0.03	0.449***	1				
9. 企业年龄	14.1304	11.8312	-0.063	0.031	-0.016	0.032	-0.03	0	0.292***	0.546***	1			
10. 企业规模	4.8859	1.9928	-0.135*	-0.088	-0.132*	-0.11	-0.096	-0.111	0.328***	0.277***	0.517***	1		
11. 国有企业	0.2222	0.3799	-0.114	0.017	0.033	0.000	-0.074	-0.162**	0.237***	0.015	-0.002	0.314***	1	
12. 民营企业	0.6522	0.4774	-0.014	0.079	-0.096	-0.009	0.019	0.065	-0.139**	-0.037	-0.002	-0.151**	-0.628***	1

注：*** 表示 p<0.01，** 表示 p<0.05，* 表示 p<0.1。

解释显著负相关，而与威胁解释显著正相关。此外，机会解释与威胁解释的相关系数为 0.018（p＞0.1），两者相关系数较小且不显著，说明机会解释与威胁解释的确具有较高的独立性和区别性。

四、回归分析

针对研究假设，本书通过 Stata 统计软件，采用 OLS 回归方法开展实证检验，为避免多重共线性问题，对交互项进行了中心化处理。

（一）假设 4a、假设 4b 和假设 5a、假设 5b 的检验

首先，我们检验战略解释对组织二元性的基本要素，即探索式创新和利用式创新的影响。我们加入 CEO 性别、CEO 年龄、CEO 任职时间、企业规模、企业年龄和企业性质等控制变量进行回归分析，分别得到模型（1）和模型（2）。其次，加入管理者对战略问题的解释，即机会解释和威胁解释进行回归分析，分别得到模型（3）和模型（4）。对探索式创新和利用式创新的回归分析结果见表 5-7。

表 5-7　　　对探索式创新和利用式创新的回归分析结果

变量	（1）探索式创新	（2）利用式创新	（3）探索式创新	（4）利用式创新
机会解释			0.709 *** (11.92)	-0.030 (-0.45)
威胁解释			-0.044 (-0.71)	0.669 *** (9.67)
CEO 性别	0.346 ** (2.34)	0.093 (0.62)	0.242 ** (2.22)	0.284 ** (2.35)

变量	（1）探索式创新	（2）利用式创新	（3）探索式创新	（4）利用式创新
CEO 年龄	-0.007 （-0.68）	-0.003 （-0.31）	0.008 （1.06）	-0.005 （-0.60）
CEO 任职时间	-0.028** （-2.03）	-0.009 （-0.62）	-0.030*** （-2.90）	0.024** （2.09）
企业年龄	0.007 （0.93）	0.014* （1.70）	0.001 （0.21）	-0.004 （-0.54）
企业规模	-0.037 （-0.84）	0.090** （-2.00）	0.020 （0.63）	-0.020 （-0.55）
国有企业	-0.357 （-1.42）	0.501* （1.95）	-0.484*** （-2.67）	0.442** （2.19）
民营企业	-0.284 （-1.53）	0.342* （1.81）	-0.127 （-0.95）	0.364** （2.44）
常数项	0.665* （1.73）	0.120 （0.31）	-0.095 （-0.34）	-0.297 （-0.94）
Observations	207	207	207	207
R-squared	0.093	0.042	0.534	0.413

注：*** 表示 $p < 0.01$，** 表示 $p < 0.05$，* 表示 $p < 0.1$。

1. 控制变量模型

从模型（1）的回归结果可以看出 CEO 性别（$\beta = 0.346$，$p < 0.05$）、CEO 任职时间（$\beta = -0.028$，$p < 0.05$）对探索式创新有显著的影响。具体而言，男性企业家具有更强的风险承担能力，更倾向于开展探索式创新，企业家任期越长，容易受到原有路径的影响，越不容易开展探索式创新。

从模型（2）的回归结果可以看出企业年龄（$\beta = 0.014$，$p < 0.1$）、企业规模（$\beta = 0.090$，$p < 0.05$）、国有企业（$\beta = 0.501$，

企业创新二元性：管理认知视角

p<0.1）和民营企业（β=0.342，p<0.1）对利用式创新有显著的影响。具体而言，当企业成立时间越久、企业规模越大，企业发展过程中可采用的成功经验就越多，越容易受到惯例的影响，企业就越容易开展利用式创新。此外，相比外资企业和中外合资企业而言，国有企业和民营企业的利用式创新较高。

2. 战略解释的影响

模型（3）的回归结果显示：机会解释（β=0.709，p<0.01）对探索式创新的影响显著，而威胁解释（β=-0.044，p>0.1）对探索式创新具有负面影响但结果并不显著。具体而言，管理者对外部环境的机会解释对探索式创新有显著的正向影响，而对外部环境的威胁解释的影响虽然符号与假设一致但并不显著，因此假设5a得到验证而假设4b没有通过检验。相比模型（1），模型（3）的R^2得到了显著的提升，说明战略解释对探索式创新的解释力度较大。

模型（4）的回归结果显示：机会解释（β=-0.030，p>0.1）对利用式创新有负向影响但结果并不显著，而威胁解释（β=0.669，p<0.01）对探索式创新的影响显著。具体而言，管理者对外部环境的威胁解释对利用式创新有显著的正向影响，而对外部环境的机会解释的影响虽然符号与假设一致但并不显著，因此假设4a得到验证而假设5b没有通过检验。相比模型（2），模型（4）的R^2得到了显著的提升，说明战略解释对利用式创新的解释力度较大。

（二）假设6和假设7的检验

进一步地，我们验证关于战略解释对组织二元性的影响。首先，加入控制变量，以平衡二元性和结合二元性为被解释变量分别进行回归分析，得到模型（5）和模型（6）。其次，加入管理者对战略问题的矛盾性解释进行回归分析，分别得到模型（7）和模型（8）。最后，加入高管团队行动一致性作为调节变量进行回归分析，分别得到模型（9）和模型（10）。具体的回归分析结果见表5-8。

表 5 – 8　　　　　对平衡二元性和结合二元性的回归分析结果

变量	(5) 平衡二元性	(6) 结合二元性	(7) 平衡二元性	(8) 结合二元性	(9) 平衡二元性	(10) 结合二元性
矛盾性解释			0.287 *** (6.07)	0.115 (1.06)	-0.046 (-0.25)	-3.180 *** (-9.18)
矛盾性解释 * 行动一致性					0.065 * (1.88)	0.660 *** (10.27)
行动一致性					0.078 (1.20)	0.651 *** (5.36)
CEO 性别	0.260 ** (2.34)	-0.057 (-0.24)	0.197 * (1.91)	-0.082 (-0.35)	0.205 ** (1.98)	0.034 (0.18)
CEO 年龄	-0.004 (-0.58)	0.014 (0.92)	-0.002 (-0.28)	0.015 (0.98)	-0.005 (-0.67)	-0.010 (-0.76)
CEO 任职时间	-0.021 ** (-2.06)	0.022 (0.99)	-0.017 * (-1.77)	0.023 (1.07)	-0.017 * (-1.79)	0.021 (1.19)
企业年龄	-0.003 (-0.52)	-0.002 (-0.17)	-0.006 (-1.04)	-0.003 (-0.26)	-0.006 (-1.14)	-0.009 (-0.87)
企业规模	0.056 * (1.69)	-0.003 (-0.05)	0.068 ** (2.23)	0.001 (0.02)	0.071 ** (2.33)	0.029 (0.52)
国有企业	0.111 (0.59)	-0.355 (-0.89)	0.064 (0.37)	-0.374 (-0.94)	0.068 (0.39)	-0.377 (-1.17)
民营企业	0.093 (0.67)	-0.361 (-1.22)	0.120 (0.93)	-0.350 (-1.19)	0.118 (0.92)	-0.370 (-1.56)
常数项	0.181 (0.63)	0.056 (0.09)	0.264 (0.99)	0.090 (0.15)	-0.064 (-0.16)	-2.596 *** (-3.58)
Observations	207	207	207	207	207	207
R-squared	0.078	0.025	0.223	0.031	0.236	0.379

注：*** 表示 $p < 0.01$，** 表示 $p < 0.05$，* 表示 $p < 0.1$。

1. 控制变量模型

从模型（5）的回归结果可以看出 CEO 性别（$\beta = 0.260$，$p < 0.05$）、CEO 任职时间（$\beta = -0.021$，$p < 0.05$）和企业规模（$\beta = 0.056$，$p < 0.1$）对平衡二元性有显著的影响。具体而言，男性企业家和规模较大的企业更有能力平衡探索和利用活动，而 CEO 任职时间越长，越容易受到路径依赖的影响而难以平衡探索和利用活动。

从模型（6）的回归结果可以看出所有控制变量对结合二元性的影响都不显著，模型的解释力度较小（$R^2 = 0.025$）。

2. 主效应模型检验

模型（7）的回归结果显示：矛盾性解释（$\beta = 0.287$，$p < 0.01$）对平衡二元性的影响显著。具体而言，管理者对外部环境的矛盾性解释对平衡二元性有显著的正向影响，假设 6a 得到验证。

模型（8）的回归结果显示：矛盾性解释（$\beta = 0.115$，$p > 0.1$）对结合二元性的影响不显著，但符号与假设一致。具体而言，管理者的矛盾性解释对结合二元性有正向影响，但影响不显著，因此假设 6b 没有得到验证。假设 6 得到了部分验证。

3. 调节效应检验

模型（9）和模型（10）的回归结果显示：高管团队行动一致性与矛盾性解释的交互项对平衡二元性有显著影响（$\beta = 0.065$，$p < 0.1$），行动一致性正向调节矛盾性解释对平衡二元性的正向影响；高管团队行动一致性与矛盾性解释对结合二元性有显著影响（$\beta = 0.660$，$p < 0.01$），行动一致性正向调节专注性对结合二元性的负向影响。综上所述，假设 7a 和假设 7b 都得到验证，假设 7 得到了验证。

五、结果讨论

本书提出了一系列关于战略解释、双元创新、组织二元性和行

动一致性的研究假设，通过实证分析，研究假设检验结果如表 5 – 9
所示。

表 5 – 9　　　　　　　　　本章研究假设检验结果汇总

假设	假设内容	检验结果
假设 4a	企业高管对外部环境的威胁解释将对利用式创新有正向影响	成立
假设 4b	企业高管对外部环境的威胁解释将对探索式创新有负向影响	不成立
假设 5a	企业高管对外部环境的机会解释将对探索式创新有正向影响	成立
假设 5b	企业高管对外部环境的机会解释将对利用式创新有负向影响	不成立
假设 6	管理者战略解释矛盾性水平越高，组织二元性越高	部分成立
假设 6a	管理者战略解释矛盾性水平越高，企业能更好地保持探索和利用活动的平衡，即平衡二元性越高	成立
假设 6b	管理者战略解释矛盾性水平越高，企业能更好地促进探索和利用活动的互补，即结合二元性越高	不成立
假设 7	高管团队行动一致性正向调节矛盾性解释对组织二元性的正向影响	成立
假设 7a	高管团队行动一致性正向调节矛盾性解释对平衡二元性的正向影响	成立
假设 7b	高管团队行动一致性正向调节矛盾性解释对结合二元性的正向影响	成立

　　假设 4a、假设 4b、假设 5a 和假设 5b 关注了管理者的战略解
释与组织二元性基本要素——探索和利用活动之间的关系。假设 4a
和假设 4b 预测了企业高管对外部环境的威胁解释将对利用式创新
有正向影响，而对探索式创新有负向影响；假设 5a 和假设 5b 预测
了企业高管对外部环境的机会解释将对探索式创新有正向影响，而
对利用式创新有负向影响。以上假设在实证分析中得到了部分证
实。研究结果表明，对外部环境的威胁解释会促进利用式创新，而
机会解释会促进探索式创新，这一结果进一步证明管理者的威胁解

释和机会解释是两个独立的概念，并不存在正反面或非此即彼的关系，证实了研究矛盾性认知的必要性。此外，证明了管理者的战略解释与探索/利用活动之间存在相关关系，为后续进一步探讨战略解释与组织二元性的关系奠定基础。

假设6关注了战略解释中的重要变量——矛盾性解释与组织二元性的关系，认为管理者认知的矛盾性程度越高，组织二元性水平越高。假设6a和假设6b分别预测了矛盾性解释会促进企业的平衡二元性和结合二元性，在实证研究中得到了部分证实，对平衡二元性的影响与预期一致且显著，而对结合二元性的影响方向与预期一致但不显著，可能是问卷调查样本不足或样本选择偏差引起的，也有可能是矛盾性解释与结合二元性的关系存在正反两方面的作用，需要进一步的研究去阐明两者之间的关系。当管理者对外界环境信息具有矛盾性解释时，能够能全面、多角度地搜集信息，寻求不同的组织路径，并更广泛地参与组织活动，因而能够全面地理解探索和利用活动的优势和不足，基于企业发展的实际情况和战略目标，进行合理的资源分配平衡探索和利益活动，不至于有所偏颇而陷入路径依赖或高风险困境。进一步地，通过追求探索/利用活动各自的优势为利用/探索活动带来支持，形成探索和利用活动的良性循环，发挥两者协同互补效应。因此，我们可以得出以下结论：管理者对战略问题的矛盾性解释能够促进组织二元性。

假设7关注了高管团队行动一致性对战略解释和组织二元性关系的影响。假设7a和假设7b预测，当高管团队行动一致性较高时，矛盾性解释对平衡二元性和结合二元性的正向影响将得到强化，而当高管团队行动一致性较低时，矛盾性解释对平衡二元性和结合二元性的正向影响将被削弱，以上都在实证研究中得到了证实。行动一致性对矛盾性解释和组织二元性的调节作用如图5-2和图5-3所示，矛盾性解释对平衡二元性的促进作用随着行动一致性的提高而增强，而矛盾性解释对结合二元性的作用随着行动一致性的提高出现了方向的转变，即当行动一致性较低时，矛盾性解

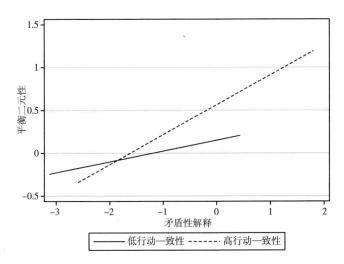

图 5 – 2　行动一致性对矛盾性解释和平衡二元性关系的调节作用

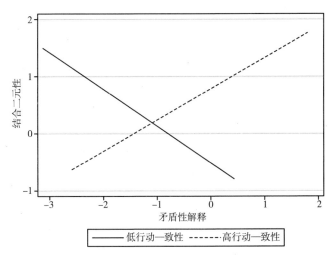

图 5 – 3　行动一致性对矛盾性解释和结合二元性关系的调节作用

释会抑制结合二元性，而当行动一致性较高时，矛盾性解释对结合二元性的促进作用才得以展现，这也进一步解释了假设6b结果不显著的问题。高管团队行动一致性在高层管理团队的研究具有重要的作用（Hambrick，2007），可以调节高管团队在企业战略行为和绩效结果中的影响。行动一致性越高，高管团队的作用越突出，而行动一致性较低时高管团队的影响就会受到限制。本书进一步证实了行动一致性在高管团队认知和组织二元性关系中的调节作用，证明了行动一致性能强化矛盾性解释对组织二元性的促进作用。

第六节　研究结论和管理启示

本书从管理认知视角考察了企业双元创新及其平衡的驱动因素。研究发现，管理解释对企业双元创新战略选择有重要影响，其中管理者的威胁解释会促进利用式创新，而机会解释会促进探索式创新；管理者的矛盾性解释会促进组织二元性，而管理团队行动一致性在以上关系中具有正向调节作用。本书研究从认知视角提供了实证检验，丰富了双元创新和组织二元性驱动因素的研究，为企业获取竞争优势和转型发展提供了经验借鉴。

本书研究的贡献主要体现在以下三个方面。首先，现有的研究大多从组织结构、组织文化和战略导向等组织因素出发考察组织二元性的前因，集中于企业层面的研究，忽视了组织二元性形成的微观认知机理。本书基于高阶理论构建了管理解释与组织二元性关系的研究框架，并分别考察了基于高阶理论拓展提出的调节变量——行动一致性的调节作用，深化了组织二元性认知前因的研究。其次，本书研究发现进一步澄清了机会解释和威胁解释之间的关系，通过理论分析和实证检验证明两者是正交而非此消彼长的关系，为后续深入研究奠定了基础。最后，本书对高层管理者的考察也超越了以往高阶理论中以人口学特征表征其认知特点的方法，用管理解释表征高层管理者深层的认知特点，亦是对高阶理论研究的一个推进。

　　研究结论亦对企业管理实践有参考意义，有以下对策建议可供管理者借鉴。第一，企业管理者在制定战略决策时，应当尽可能广泛地搜集信息，全面解析企业经营环境，避免接受片面信息而对企业战略环境有偏见解读，以更系统、复杂的视角分析战略问题，从正反两方面全面思考战略事件带来的影响，提高企业双元创新平衡水平，帮助企业更好地适应环境变化并获取竞争优势。第二，重视高管团队建设，强化团队内部信息沟通，以集体为战略决策的出发点，配合公司整体战略开展行动，提升团队战略思想和战略行动的一致性。

　　当然，本章研究还存在一些不足。首先，本章采用的数据来自随机选择浙江省内的制造业企业，具有一定的代表性，但浙江省经济发展水平与其他地区差异较大，地区间差异还需进一步研究进行澄清。其次，尽管本章研究控制了很多干扰因素，但截面数据的局限和问卷调查的弊端仍旧存在，未来的研究可以尝试以上市公司为研究对象获取公开数据，并辅以问卷调查获取高管认知的数据，从而提高数据的可靠性。最后，本章研究聚焦于管理解释对组织二元性的影响，但忽视了管理认知必然受到企业战略决策和绩效结果的影响，缺乏动态视角的研究。未来研究可以基于这一研究问题，引入时间维度，深入企业进行长期跟踪调研，通过获取丰富的案例素材和扎实的纵向案例对比分析，揭示管理解释、组织二元性和企业绩效之间的动态演化机制，进一步地深化本书研究成果。

第七节　本章小结

　　本章基于管理认知过程的研究，提出了一系列关于对外部环境的战略解释与组织二元性（包括探索和利用式创新）关系的假设，并基于 207 份问卷所得的样本数据进行实证研究，证明了管理者的威胁解释会促进利用式创新，而机会解释会促进探索式创新；管理者的矛盾性解释会促进组织二元性，而管理团队行动一致性在以上关系中具有正向调节作用。本章研究丰富了管理认知过程中的重要环节——对外部环境的战略解释的研究，并将其与组织发展的重要因素——组织二元性进行勾连，刻画了如何通过对外部信息的矛盾性解释，辩证地考察企业发展战略，进而成功构建二元型组织。

第六章

组织二元性与绩效关系研究

    本章关注组织二元性的绩效影响，针对以往研究中的组织二元性与绩效关系不一致的研究结论，本书提出通过二元性维度划分和情境条件的引入来解释。在理论分析提出一系列研究假设的基础上，通过实证数据进行分析，并引入种群生态学的研究方法对研究结果进行解释，解释了不一致结论出现的原因并拓宽了组织二元性的研究思路。

    组织二元性是指组织协调两种相互冲突的力量的能力。在战略管理、技术创新和组织学习等领域，组织二元性具体表现在高效开展利用活动，勇于积极进行探索活动的能力，其中利用性活动包括对现有机会、资源和能力的调动和应用等，探索性活动则包括对新机会、新资源和能力的学习和开发等（Tushman，O'Reilly，1996；Raisch，Birkinshaw，2008）。利用活动致力于改进企业现有能力，而探索活动旨在探索新的知识和机会（March，1991）。企业可以通过平衡探索和利用活动而获得两者的互补性，在高效满足现有需求的同时，不断探索和把握未来发展的机会，从而有利于竞争优势的获取（Levinthal，March，1993）。然而，组织二元性与企业绩效关系的实证研究并未得到一致结论。一部分学者研究发现组织通过结构分离、情境设计、领导行为和企业网络等方式可以解决资源竞争问题，实现探索式创新和利用式创新的二元平衡，从而有助于提

161

升企业绩效（Gibson，Birkinshaw，2004；Jansen，Bosch，Volberda，2006）。另一部分学者则认为组织同时追求相互冲突的活动会导致组织内部的不一致性，因而相对于那些专注于探索或利用某一活动的企业，这种不一致会损害企业绩效，即同时强调探索和利用反而不利于企业创新（Atuahene-Gima，2005；Yamakawa，Yang，Lin，2011）。

从实践来看，在"互联网＋"推动企业转型背景下，快速拥抱互联网开展战略转型和精益于原有领域的企业，均有取得卓越绩效的实例（蔡宁，王节祥，杨大鹏，2015）。如小米科技以用户需求为导向，快速利用"低价高品质"智能手机的市场机会，充分开展整合利用式创新，而不是长期的技术研发，迅速建立起竞争优势。相反，过于注重二元平衡的企业则可能在战略选择上陷入"卡在中间"或"两边不靠"的困境。特别是对于资源匮乏的中小企业而言，实现二元平衡本身就是一厢情愿的伪命题。不少制造企业甚至得出"不进行互联网转型是等死，开展互联网转型则是找死"的尴尬结论。对于企业的二元性战略选择而言，一方面，与企业在探索和利用上可以达到的水平密切相关，当二者能够实现的水平均较低时，平衡可能使企业出现冲突加剧、"两边不靠"的结果。另一方面，根据种群生态学的观点，在高度动荡的环境中，在某一方面具有特殊优势的偏才可能比全才更具竞争优势（Freeman，Hannan，1983）。相对非平衡发展的企业，二元平衡的企业可能由于才能不突出，而并不占优。由此，本章聚焦于"组织二元性与企业绩效关系"这一经典问题，尝试从区分组织二元性的水平和考察外部情境条件的调节效应两条路径，拓展已有组织二元性研究的框架，提出相应理论模型和研究假设；运用企业大样本数据开展实证检验，以解释为何组织二元性与企业绩效关系研究出现不一致结论。

第一节　组织二元性与企业绩效
关系的不一致结论

保持组织二元性平衡，即探索性活动和利用性活动强度相匹配，能够控制结构性的绩效风险从而有利于企业绩效；反之，探索性活动和利用性活动的不平衡会提高绩效风险而不利于企业绩效（Levinthal，March，1993；杨雪，顾新，王元地，2015）。具体来看，当利用强度远超过探索强度时，企业能通过利用现有产品和市场获取短期收益，但容易出现能力退化问题，特别是在市场和技术变革情境下，企业现有能力容易过时，导致路径依赖或能力刚性阻碍企业学习和更新，企业竞争优势难以维持（Christensen，Overdorf，2000）。相反，当企业过度强调探索而忽视利用时，企业无法保障稳定的收益，同时要承担搜索和实验活动带来的成本，容易陷入收入危机甚至探索困境（Stettner，Lavie，2014）。蒂斯（Teece，1986）认为企业的创新投入缺乏相应的计划来开展互补利用活动，将导致无效探索。从资源基础观来看，探索能力和利用能力对企业绩效都是有价值且稀缺的，而探索和利用的平衡是一种更为复杂的能力，这种能力具有明显的模糊性和复杂性，是其他企业难以模仿或其他能力难以替代的，可以为企业带来持续的竞争优势（Wassmer，Li，Madhok，2015；Piao，Zajac，2016）。

组织二元性对企业绩效影响研究的结果差异，可能是因为不同学者分别从成本和收益两个不同视角去看待问题。认可组织二元性的积极作用的学者强调探索和利用活动的互补性，探索为利用带来新的知识基础，而利用则使企业更加了解自身的知识和资源，进而通过重构提高探索能力（Cao，Simsek，Zhang，2009；潘松挺，郑亚莉，2011），关注二元平衡带来的收益；而认为组织二元性对绩效存在负面影响的学者认为，通过结构分离、情境设计、领导行为

163

或企业网络等方式可以解决资源竞争问题，但这些行为本身带来的成本不容忽视（Lavie，Rosenkopf，2006；Lavie，Kang，Rosenkopf，2013）。组织内部协调存在风险，可能引发部门间冲突，加剧资源竞争，削弱甚至抵消探索和利用互补带来的好处。联盟组合的研究中，发现这些协调成本的增加，会显著地降低企业的市场价值和净利润（焦豪，2011；Lavie，Kang，Rosenkopf，2013）。在企业资源和能力有限的情况下，探索水平和利用水平都处于相对较低的状态，企业处于消极的低能平衡状态时，企业容易陷入"卡在中间"的困境，在探索和利用活动都表现一般，导致企业绩效不佳。

第二节　组织二元性维度细化和情境条件的引入

当前组织二元性的研究迫切需要探索组织二元性的新维度，特别针对组织二元性对绩效出现矛盾的作用，细化组织二元性维度和引入情境条件将有助于解释当前研究结论之间的冲突（刘洋，魏江，应瑛，2011）。现有研究未区分低能平衡和高能平衡二元性，将两者混为一谈，导致组织二元性对绩效的影响出现不一致的结论（Lavie，Stettner，Tushman，2010）。具体而言，保持探索和利用二元平衡的企业，在相同的二元平衡水平上，不同企业的探索或利用水平的差异可能很大，即需要区分"高能平衡"（如5:5平衡）和"低能平衡"（如1:1平衡）（王凤彬，陈建勋，杨阳，2012）。当企业处于高能平衡状态时，资源相对富足，探索和利用活动之间具有互补效应，有助于企业绩效提升；而当企业处于低能平衡状态时，资源竞争激烈，企业须在探索和利用活动之间做出权衡取舍，这种"此消彼长"的竞争关系引发的冲突和协调难题，将不利于企业绩效提升（Gupta，Smith，Shalley，2006）。因此不区分两种组织二元性，而直接与非平衡企业进行绩效对比，容易产生矛盾或者不显著的结果。

遵循权变理论逻辑，组织战略活动与绩效的关系必然受到外部环境的影响。已有研究发现组织二元性与绩效关系受到外部情境因素的影响，例如环境动态性、制度环境和企业间网络环境等（Raisch，Birkinshaw，2008；凌鸿，赵付春，邓少军，2010）。然而，外部环境对于组织二元性与绩效关系的影响机理，已有研究并未给出深入阐释。将探索式和利用式创新的选择与企业能力生态位（niche）选择进行对应，专注某一方面可视为"偏才（specialist）策略"，注重二者平衡则可视为"通才（generalist）策略"。基于此，本书尝试引入种群生态学理论观点，以拓展组织二元性研究框架。种群生态学借鉴自然界的物种选择研究，认为企业的生态位选择受到外部环境动荡程度的影响，当环境变化粒度较粗（coarse grained）时，通才相对偏才的死亡率更低；而当环境变化粒度较细（fine-grained）时，偏才相对通才的死亡率则更低（Freeman，Hannan，1983）。实际上，在"互联网＋"背景下，企业之间的竞争越来越表现为商业生态系统之间的竞争，典型如 BAT 各自构建起的商业生态圈，这一生态圈内企业本质上都将面临"生态位宽度（niche width）"的选择，探索和利用即是其中重要的内容。与此同时，互联网推动产业融合、跨界竞争广泛发生背景下，环境动荡程度与日俱增。综上所述，企业组织二元性与绩效的关系研究，需要基于种群生态理论，引入对环境动荡性情境的考察。

第三节　高能平衡和低能平衡二元性的差异

消除组织二元性与企业绩效的关系不一致需要区分高能平衡二元性和低能平衡二元性。高能平衡的企业，可以获得探索和利用式技术创新的互补效益，也即探索过程与利用过程存在互相促进作用（Gupta，Smith，Shalley，2006）。企业的利用水平较高，对其现有资源和知识的功能理解更为深刻，有助于现有资源、知识与新能力的重构，可以提高企业在探索新知识和开发产品或市场所需资源的有效性（Zimmermann, Raisch, Birkinshaw, 2015）。同样，成功的探索可以提高现有利用行为的经济效益，企业通过探索将外部的知识和资源内化，增强了利用活动的基础，有利于提高利用活动的有效性。因此，探索和利用活动结合能充分使用组织资源和能力，有助于两者互相促进进而提升企业绩效（Heavey, Simsek, Fox, 2015）。但是，当资源和能力条件有限的企业追求二元平衡时，容易陷入"卡在中间"困境，同时追求探索和利用式创新的提升而在两项活动中表现得都并不成功，致使企业探索和利用式技术创新水平都不高（Cao, Gedajlovic, Zhang, 2009）。当企业处于消极的低能平衡状态时，企业绩效较差，需要同时提高探索和利用式技术创新水平以实现高能平衡和提升企业绩效（王凤彬，陈建勋，杨阳，2012）。基于以上分析，本书提出以下假设：

假设8： 低能平衡对企业绩效有显著的负向影响，高能平衡对企业绩效有显著的正向影响。

根据种群生态理论观点，环境动荡程度对企业的生态位宽度选择具有重要影响。如前所述，将探索和利用置于企业能力生态位的两端，探索和利用的二元平衡程度则可以视为企业的"生态位宽度"。由此，组织二元性的生态位战略选择同样会受到环境变化粒度的影响。根据种群生态理论观点，当环境动荡程度较高时，环境变化表现出变化类型多、变化周期短的特点，环境变化粒度较细，此时选择较窄的生态位（偏才）更为合适；当环境动荡程度较低时，环境变化表现出变化类型少、变化周期长的特点，环境变化粒度较粗，此时选择较宽的生态位（通才）更为合适（Hannan, Freeman, 1977；Freeman, Hannan, 1983）。由此，对应到企业的组织二元性生态位选择：当环境动荡程度低时，具有较宽生态位的通才型企业更能适应发展，也即选择探索和利用式创新二元平衡的企业，绩效更好；相反，当环境动荡程度较高时，具有较窄生态位的偏才型企业则更能适应发展，也即选择专注于探索或利用式创新的企业，绩效更好（Simsek，2009）。基于以上分析，本书提出以下假设：

假设9：环境动荡性显著地负向调节组织二元性与企业绩效的关系。

第四节 研究方法

一、数据收集和变量测量

数据收集方法同第五章。为确保测量工具的效度及信度，本书尽量采用国内外文献已经使用过的量表。

1. 自变量：组织二元性

本书借鉴何和王（He，Wong，2004）的研究，形成了探索和利用量表。以1减去探索和利用式创新的绝对差值来测量组织二元性。高能平衡二元性为虚拟变量，组织二元性高于均值且探索式创新和利用式创新水平都高于平均水平的赋值为1，其余为0；低能平衡二元性赋值方法类似，组织二元性高于均值但探索式创新和利用式创新水平不都高于平均水平的赋值为1，其余为0。

2. 因变量：企业绩效

企业绩效以近三年的销售增长率衡量。

3. 调节变量：环境动荡性

环境动荡性包括两个方面：市场竞争强度和技术动荡程度，其中，市场竞争强度是指企业由于现有市场存在大量竞争者或缺乏未来增长的机会而带来的竞争激烈程度；技术动荡性是指企业对技术环境的感知，是人们无法准确预测或完全理解技术环境的某个方面，它是影响创新资源尤其是技术资源共享的重要因素。借鉴相关学者的研究（Cadogan，Cui，Li，2003；Song，Droge，Hanvanich，

2005），形成了市场竞争强度和技术动荡程度的量表。

4. 控制变量

本书选取了企业规模（企业员工人数取对数）、企业年龄（企业成立至今的时间取对数）、企业类型（虚拟变量：高新产业为1，其他为0）和产业类型（虚拟变量：第二产业为1，第三产业为0）作为控制变量。以上问卷题项均采用7分量表，7分代表题项的描述"非常符合"，1分代表题项的描述"非常不符合"。

二、信效度检验

在信度方面，各变量的Cronbach'α系数均大于0.8，显示量表的内部结构拟合度良好。在效度方面，由于量表均采用成熟量表或适度改编前人研究而来，因此具有良好的内容效度。在聚合效度方面，因子分析结果如表6-1所示，所有变量均通过了球形检验，并且测量题项的因子载荷值均大于0.6，表明量表具有良好的聚合效度。量表信效度总体较好，可以开展进一步分析。

表6-1　　　　　　　　量表信度效度检验结果

潜变量	测试题项	Crobachas'α	载荷
探索式创新	近三年内公司引入新一代产品	0.8509	0.69
	近三年内公司扩大产品范围		0.77
	近三年内公司打开新市场		0.86
	近三年内公司进入新的技术领域		0.74
利用式创新	近三年内公司提高现有产品的质量	0.8653	0.75
	近三年内公司提高生产柔性		0.66
	近三年内公司降低生产成本		0.86
	近三年内公司提高生产效率		0.89

潜变量		测试题项	Crobachas'α	载荷
环境动荡性	市场竞争强度	企业间的市场竞争非常激烈	0.8005	0.61
		很难预测顾客需求及产品偏好变化		0.83
		竞争对手的市场行为难以预测		0.73
		市场需求增长非常快		0.58
		潜在市场需求非常大		0.55
		新企业进入较多		0.70
	技术动荡程度	技术变化非常快	0.9009	0.79
		技术发展趋势很难预测		0.90
		技术环境很不确定		0.91

第五节 组织二元性与绩效的实证分析

一、相关分析

表6-2列出了各变量的均值及变量之间的相关系数，结果表明研究主要变量之间均存在显著的相关关系。进一步的统计检验表明回归方程的 VIF 值未超过 10，说明并未出现严重的共线性问题，① 适合进行后续的统计分析。

---

① 由于高能组织二元性和低能组织二元性的计算基础是探索式创新和利用式创新，导致变量之间相关性极高，因此在包含高能组织二元性和低能组织二元性的模型中，不加入探索式创新和利用式创新作为控制变量。

表6-2

变量间相关系数表

	均值	1	2	3	4	5	6	7	8	9	10
1. 绩效	4.67	1									
2. 组织二元性	0.46	0.0470	1								
3. 探索式创新	5.43	0.421***	0.264***	1							
4. 利用式创新	5.73	0.308***	-0.0380	0.728***	1						
5. 市场竞争强度	5.05	0.306***	0.0220	0.292***	0.335***	1					
6. 技术动荡程度	4.99	0.0890	-0.0340	0.261***	0.265***	0.702***	1				
7. 企业规模	279.96	0.119	0.0670	0.174**	0.121*	0.0110	0.0270	1			
8. 企业年龄	12.35	-0.117	0.0730	0.0710	0.00200	-0.0210	0.0630	0.328***	1		
9. 企业类型	0.24	0.151**	0.127*	0.231***	0.145**	0.0950	0.0750	0.362***	0.174**	1	
10. 产业类型	0.81	0.00700	0.0450	0.0290	-0.0230	0.0420	-0.0830	0.356***	0.169**	0.173**	1

注：**** 表示 p<0.01，** 表示 p<0.05，* 表示 p<0.1。

二、假设检验

针对研究假设，本书通过 Stata 统计软件，采用 OLS 回归方法开展实证检验，实证结果如表 6-3 所示。

表 6-3　　　　　　　　组织二元性的绩效影响分析

变量	模型（1）绩效	模型（2）绩效	模型（3）绩效	模型（4）绩效	模型（5）绩效
组织二元性		-0.185 (-1.04)		-0.261 (-1.49)	-0.220 (-1.25)
低能平衡			-0.536** (-2.49)		
高能平衡			0.394** (1.98)		
市场竞争强度				0.418*** (3.71)	
组织二元性×市场竞争强度				-0.394** (-2.23)	
技术动荡程度					0.191* (1.67)
组织二元性×技术动荡程度					-0.466*** (-2.70)
探索式创新	0.524*** (4.19)	0.582*** (4.25)		0.586*** (4.39)	0.631*** (4.60)

变量	模型（1）绩效	模型（2）绩效	模型（3）绩效	模型（4）绩效	模型（5）绩效
利用式创新	-0.019 (-0.15)	-0.066 (-0.50)		-0.138 (-1.06)	-0.057 (-0.44)
企业规模	0.093 (1.20)	0.092 (1.19)	0.129 (1.62)	0.129 * (1.71)	0.112 (1.47)
企业年龄	-0.371 ** (-2.60)	-0.367 ** (-2.58)	-0.353 ** (-2.39)	-0.398 *** (-2.86)	-0.382 *** (-2.71)
企业类型	0.163 (0.79)	0.176 (0.85)	0.236 (1.11)	0.201 (1.00)	0.187 (0.92)
产业类型	-0.056 (-0.25)	-0.055 (-0.25)	-0.128 (-0.56)	-0.131 (-0.61)	-0.121 (-0.55)
常数项	2.400 *** (3.71)	2.429 *** (3.75)	4.943 *** (11.23)	2.813 *** (4.34)	2.111 *** (3.19)
R-squared	0.211	0.216	0.152	0.274	0.248

注：*** 表示 $p<0.01$，** 表示 $p<0.05$，* 表示 $p<0.1$。

模型（1）只包括企业规模、年龄等控制变量。

模型（2）中组织二元性对绩效影响不显著（$\beta = -0.185$，$p>0.1$），其原因在于组织二元性与绩效关系可能存在正、负效应的复杂作用机制，从而导致结果不显著，这也进一步佐证了本书研究的必要性。

模型（3）引入高能平衡二元性和低能平衡二元性两个虚拟变量，结果发现高能平衡二元性对企业绩效有显著的正向影响（$\beta = 0.394$，$p<0.05$），而低能平衡二元性对企业绩效有显著的负向影响（$\beta = -0.536$，$p<0.05$）。由此，假设8得到验证。

模型（4）引入市场竞争强度作为调节变量，结果发现组织二元性与市场竞争强度的交互项对企业绩效有显著的影响（β = -0.394，p < 0.05），市场竞争强度负向调节组织二元性对组织绩效的影响。进一步地，组织二元性对企业绩效的影响存在一个阈值（4.4），当市场竞争强度低于该值时，组织二元性对组织绩效有正向作用；当市场竞争强度高于该值时，组织二元性对组织绩效有负向作用，调节作用的变化如图6-1所示。不同的市场竞争条件下，组织二元性对组织绩效的影响不同。模型（5）引入技术动荡程度作为调节变量，结果发现组织二元性与市场竞争强度的交互项对企业绩效有显著的影响（β = -0.466，p < 0.01），技术动荡程度负向调节组织二元性对组织绩效的影响。组织二元性对企业绩效的影响存在一个阈值（4.6），当技术动荡程度低于该值时，组织二元性对组织绩效有正向作用；当技术动荡程度高于该值时，组织二元性对组织绩效有负向作用，调节作用如图6-2所示，不同的技术环境条件下，组织二元性对组织绩效的影响不同。由此，假设9得到验证。

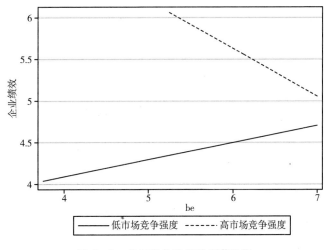

图6-1　市场竞争强度的调节作用

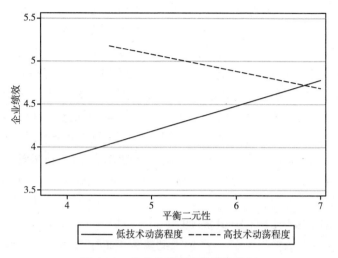

图 6 - 2　技术动荡程度的调节作用

三、结果讨论

实证结果表明组织二元性与企业绩效的关系不显著，这是对已有研究出现不一致结论的佐证（Lavie，Stettner，Tushman，2010），同时也印证了本书对组织二元性细化和作用情境引入的必要性。进一步地，本书区分了高能平衡和低能平衡两种不同的二元平衡状态，并发现两者对企业绩效的影响存在显著的差异，扩展和深化了现有研究。本书对于二元平衡水平的区分，响应了王凤彬等研究的呼吁（王凤彬，陈建勋，杨阳，2012）。后续研究在区分高能平衡和低能平衡的基础上，可以尝试对二元平衡水平测度的进一步改进，特别是注意对"结合二元性"研究流派的整合（Simsek，2009）。本书引入种群生态学观点开展对环境动荡性的考察是对已有理论的重要拓展，这一理论创新为组织二元性与绩效的关系提供了新的阐释，即不同的环境动荡程度下，组织二元性对绩效存在不同的影响。

　　不同于以往的研究认为在环境动荡程度较高的情况下，组织保持二元平衡会促进企业绩效的提升。本书研究发现，环境动荡性对组织二元性与企业绩效的关系存在负向调节作用，这一研究结论与种群生态学中关于生态位（niche）的研究结果相一致，弗里曼和汉南（Freeman，Hannan，1983）认为在粒度较细（fine grained）的环境中，专才比通才更加适应环境，因此有较高的生存率。本书研究发现，在高度动荡的市场和技术环境中，专注于探索或利用式创新的企业（专才）相比于试图在探索和利用式创新取得平衡的企业（通才），更能集中自身的资源和能力使其成为某一方面的专家，更有可能取得竞争优势。作为研究结果的意外涌现，本书数据表明环境动荡程度的调节作用甚至可以"扭转"组织二元性与企业绩效的作用方向。当环境动荡程度低于阈值时，组织二元性对绩效存在正向的影响；当环境动荡程度超过阈值之后，环境的调节作用使得主效应的作用方向转变，出现组织二元性"失效"现象，组织二元性不仅不能提升企业绩效，反而对企业绩效产生负面影响。

第六节　理论贡献与管理启示

一、理论贡献

　　本书的理论贡献主要有两个方面。

　　（1）为平衡二元性与企业绩效关系悖论提供了有力解释。本书通过解构核心概念（组织二元性）和引入情境变量（环境动荡性）两条路径，解释了现有研究中平衡二元性与企业绩效关系悖论产生的原因，并且通过规范的实证方法，实现了对平衡二元性水平的测度，实证检验了相关假设。研究拓展了组织二元性的分析框架，未来研究可以沿此思路进一步深化。一方面可以对研究主变量进行分拆，如企业绩效可以划分为市场绩效和创新绩效等。另一方面进一步尝试拓展情境条件，如基于二元创新的资源观，考察冗余资源等因素的调节作用等。

（2）将种群生态理论引入组织二元性研究，通过理论整合拓宽了研究思路。对二元性与绩效关系的已有研究，已经涉及外部环境等调节因素，但是外部环境作用于组织内部过程的机理解释并不明晰，本书创新性地引入种群生态学理论，将探索和利用平衡选择视为企业适应外部环境的一种"生态位选择"战略。通过实证分析表明环境动荡程度高时，平衡反而会对企业绩效产生负效应。这为组织二元性研究深化提供了一种基于理论整合的新思路。

二、管理启示

本书给企业带来的管理启示主要有两个方面。

（1）打造冗余型组织，提升二元平衡水平。在中国转型经济背景下，跨界竞争日趋激烈，关键稀缺资源获取困难程度不断提升，而正如本书研究结论所言，二元平衡战略选择的关键是要实现高能而非低能平衡，高能平衡的实现对资源水平的需求则更高。已有研究表明，企业的冗余资源在一定程度上可以缓解探索和开发式创新之间的资源竞争。因此，企业应着力开展冗余型组织建设。在冗余型组织中，冗余并不是一味的资源浪费，相反，企业信息、商业活动和管理责任的重叠可以促进企业内不同部门间的自由对话和沟通，从而可以消除探索和利用的平衡冲突，提高探索和利用的平衡水平，避免企业陷入低能平衡困境。

（2）在互联网商业生态竞争逻辑中，"专才"反而优于"通才"。本书研究结论表明，在互联网推动产业融合背景下，破坏式创新屡见不鲜，企业经营的外部环境急剧动荡。在此情况下，企业专注探索和利用某一方面的"专才"策略反而优于过度强调探索和利用平衡的"通才"策略。管理者不应一味强调探索和利用的平衡，探索和利用的有所侧重反而是上策。这也与当下倡导的"互联网思维"不谋而合，"极致"和"专注"是不断变化的互联网商业生态环境中所必需的思维。当然，企业应该保持随情境而调整的动态能力，以实现企业内外部的联动。

第七节　本章小结

本章关注了组织二元性与绩效之间的关系，发现已有文献中对两者关系的探讨存在不一致，进而尝试通过组织二元性的维度细化和作用情境引入两条路径消除已有研究的不一致结论：一方面，通过区分高能平衡和低能平衡，发现高能平衡促进企业绩效而低能平衡对企业绩效存在负面影响，解释平衡二元性与绩效关系不显著的原因；另一方面，引入种群生态理论"生态位选择"的观点，考察环境动荡性的情境调节效应，发现环境动荡程度（市场环境和技术环境）对组织二元性与企业绩效关系存在显著的负向调节作用。本章通过问卷数据证明了相关假设，研究结论说明低能平衡并不能带来绩效的显著提升，而且在高度动荡的环境中，二元平衡（通才策略）并不利于提高企业绩效，反而是偏才（专注于探索或利用）制胜。研究结论对于商业生态竞争趋势下的企业战略选择具有重要启示意义。

第七章

结论与展望

　　从企业转型发展的实践背景出发，结合组织二元性的理论研究，围绕"组织二元性的认知前因及其绩效影响"问题，利用多种渠道获取研究数据并采用案例比较分析和定量实证研究相结合的研究方法，本书得出了四方面的结论：（1）通过理论分析和案例研究进一步明确了组织二元性的概念内涵；（2）管理认知结构对组织二元性有显著的影响，管理自主权在两者关系中有调节作用；（3）管理认知过程（战略解释）对组织二元性有显著影响，管理团队行动一致性在两者关系中有调节作用；（4）组织二元性与企业绩效的关系受到组织二元平衡水平和外部环境的影响，通过组织二元性的维度划分和情境条件的引入可以解释现有研究中存在的不一致关系。这些研究结论对组织二元性的研究有重要的影响，一方面梳理了组织二元性与企业绩效的关系并解释了两者之间不一致关系，另一方面发现了高层管理者的认知对组织二元性的影响，填补了组织二元性研究中的空缺。基于以上研究结论和实践观察，本书提出了三个方面的研究启示，以期为企业转型和政策制定提供参考意见。同时，针对本书存在的不足，提出了未来研究的发展方向。

第一节　主要结论

一、组织二元性的概念内涵

组织二元性包括战略目标、组织结构和知识获取三方面的平衡。战略目标的二元矛盾主要体现在短期收益和长期发展目标的不可兼得，组织结构设计的二元矛盾主要体现在组织灵活性和组织效率的差异，技术知识的二元矛盾主要体现在对现有产业知识的强化和对互补产业知识的吸收。企业构建二元型组织的过程中，需要平衡探索型战略和利用型战略，企业在战略目标设定、组织结构设计和技术知识获取三方面都会表现出探索式战略和利用式战略的特征，战略目标设定需要平衡企业短期利益和长远发展，组织结构设计需要平衡组织结构的效率和灵活性，技术知识获取需要平衡已有知识强化和新知识获取。因此需要从战略目标、组织结构和技术知识三方面出发，探讨企业如何实现探索和利用活动的二元平衡。组织二元性强调对探索和利用活动的平衡，并在平衡的基础上保持探索和利用活动的强度都较高，绝非以平衡为唯一导向。

二、管理认知结构与组织二元性的关系

基于领导视角考察管理认知对组织二元性的影响发现，管理认知结构复杂性对组织二元性有正向影响，而认知结构专注性对组织二元性有负向影响。当认知复杂性程度较高时，管理者的知识结构中的概念较多且不同概念之间有较好的连通性，管理者能够对更多的外部环境中的刺激产生注意并做出反应，减少客观环境和管理者感知到的环境之间的差异，减少认知偏差的产生。而当管理认知的

专注性较高时，管理者的认知结构更集中于少数一些概念，管理者基于这些核心概念来筛选信息、诊断问题和制定决策，导致战略决策过程中的认知偏差和认知惰性。进一步地，本书发现管理自主权对两者关系有正向调节作用，管理自主权越大，管理认知结构的影响会更显著，即管理自主权会放大管理认知结构复杂性对组织二元性的正向影响和认知结构专注对组织二元性的负向影响。

三、管理认知过程与组织二元性的关系

本书对管理认知过程的研究主要考察战略解释的影响，战略解释是企业决策者基于外部环境信息构建的概念间的因果关系（Nadkarni，Barr，2008；尚航标、黄培伦，2010），对战略决策的制定、理解和传播具有深远的影响（Huff，1990；Fiske，Taylor，1991）。战略解释主要分为机会解释和威胁解释，当两者共存时，我们认为管理者具有矛盾性的解释。管理者对战略问题解释的矛盾性程度越高，企业对此做出的战略反应所涉及的范围就越广、其风险承担性和新颖性就越高。基于问卷调查数据的实证分析发现，管理者的威胁解释会促进利用式创新，而机会解释会促进探索式创新；管理者的矛盾性解释会促进组织二元性，而管理团队行动一致性在以上关系中具有正向调节作用。

四、组织二元性与企业绩效的关系

探索和利用二元平衡是企业重要的战略选择，而理论界对组织二元性与企业绩效关系的研究呈现出不一致的研究结论。本书尝试通过组织二元性的维度细化和作用情境引入两条路径消除已有研究的不一致结论。一方面，通过区分高能平衡和低能平衡，发现高能平衡促进企业绩效而低能平衡对企业绩效存在负面影响；另一方面，引入种群生态理论"生态位选择"的观点，考察环境动荡性的

情境调节效应，发现环境动荡程度（市场环境和技术环境）对组织二元性与企业绩效关系存在显著的负向调节作用。研究结论说明低能平衡并不能带来绩效的显著提升，而且在高度动荡的环境中，二元平衡（通才策略）并不利于提高企业绩效，反而是偏才（专注于探索或利用）制胜。

第二节　理论贡献

本书关注了组织二元性的前因和绩效影响，从管理认知的视角深入探讨认知结构和认知过程对组织二元性的影响机制，并考察了不同管理情境下的影响变化。在绩效影响方面，针对理论研究中的不一致结论提出了解释方法。本书针对以上问题做出了一些理论贡献，对后续研究的开展具有一定的借鉴价值。

一、扩展了组织二元性的概念内涵和外延

现有研究认为组织二元性是对探索活动和利用活动平衡的结果，缺乏对其具体表现的刻画。本书研究发现，组织二元性需要平衡战略目标设定、组织结构设计和技术知识获取三方面，其中长期战略目标、灵活导向的组织结构和外部互补知识的吸收更偏向探索活动，而短期战略目标、效率导向的组织结构和内部知识的强化更偏向利用活动。进一步地，在实证研究中探讨了高能平衡和低能平衡两种状态，发现高能平衡有利于企业绩效而低能平衡有损企业绩效，再次证实以结合和平衡两个维度衡量组织二元性的科学性和必要性，当结合和平衡两个维度都高的时候才能达到高能平衡，仅仅平衡维度高而结合维度不高的时候可能陷入低能平衡。本书通过案例分析和理论分析拓展了关于组织二元性的概念内涵和外延，强化了组织二元性测量方式。

二、从微观认知视角解释组织二元性的形成机制

现有的研究大多从组织结构、组织文化和战略导向等组织因素出发考察组织二元性的前因，集中于企业层面的研究，忽视了组织二元性形成的微观认知机理（Lavie，Stettner，Tushman，2010；杨大鹏，蔡宁，潘松挺，2017）。本书基于高阶理论构建了高管认知与组织二元性关系的研究框架，分别从认知结构和认知过程两个视角实证检验了管理认知与组织二元性的影响，并分别考察了基于高阶理论拓展提出的两个调节变量——管理自主权和行动一致性的调节作用，推进了从领导视角出发的组织二元性前因的实证研究。此外，本书对高层管理者的考察也超越了以往高阶理论中以人口学特征表征其认知特点的方法，用认知结构和认知过程两个维度全方位表征高层管理者深层的认知特点，亦是对高阶理论研究的一个推进。

三、为组织二元性与企业绩效关系不一致结论提供了有力解释

针对现有研究中组织二元性与企业绩效的关系不一致问题，本书通过解构核心概念（组织二元性）和引入情境变量（环境动荡性）两条路径，解释了组织二元性与企业绩效关系不一致产生的原因。并且通过规范的实证方法，实现了对组织二元性水平的测度，实证检验了相关假设。研究拓展了组织二元性的分析框架，未来研究可以沿此思路做进一步深化。一方面可以对研究主变量进行分拆，如企业绩效可以划分为市场绩效和创新绩效等。另一方面进一步尝试拓展情境条件，如基于二元创新的资源观，考察冗余资源等因素的调节作用等。

四、将种群生态理论引入组织二元性研究，通过理论整合拓宽了研究思路

已有研究对二元性与绩效关系的研究，已经涉及外部环境等调节因素，但是外部环境作用于组织内部过程的机理解释并不明晰，本书创新性地引入种群生态学理论，将平衡选择探索和利用活动视为企业适应外部环境的一种"生态位选择"战略。通过实证分析表明环境动荡程度高时，平衡反而会对企业绩效产生负效应。这为组织二元性研究深化提供了一种基于理论整合的新思路。

第三节 管理启示

一、打造二元型组织需要从战略目标设定、组织结构设计和组织知识获取三方面着手

二元型组织建设是一个系统、复杂的工作，高层管理者需要从多方面协调探索和利用活动的关系。高层管理者要权衡短期效率和长期适应性之间的冲突，既要强调控制和稳定以通过利用式创新实现短期财务绩效，也要鼓励冒险与创造以通过探索式创新获取长期收益，以利用式和探索式创新的平衡获得持续竞争优势。基于企业战略目标，管理者运用协调不同文化和结构的能力，在组织结构设计中权衡效率和灵活性的关系，特别是对于大型成熟企业，在整合管理的同时允许部分业务单元松散型管理（如平台型企业、网络型组织），有助于企业的持续发展。此外，企业也需要协调资源分配，合理控制在外部知识获取和内部知识强化之间的资源投入，防止企业陷入路径依赖或探索失败陷阱。

二、提高管理者认知水平，打造二元型组织

企业打造二元型组织有多重方法，但不论是何种途径，高层管理者都是最终的战略决策者，因此企业管理者需要不断提升自身的认知水平，提升管理者知识结构的复杂性、降低知识结构的专注性，即提高管理者知识储备广度，避免厚此薄彼而导致信息获取不全面。管理者认知水平也表现在其战略解释的复杂程度，即能否全面、辩证地解读外界环境信息。管理认知水平极大地影响企业对外部机会信息的获取、把握和整合，可以从领导层面提升认知水平，提高企业在复杂动荡环境中的适应能力，帮助企业更好地协调探索和利用活动之间的关系，进而发挥两者的协同效应，提高企业竞争力。

三、打造冗余型组织，提升二元平衡水平，避免陷入低能平衡困境

在中国经济转型背景下，跨界竞争日趋激烈，关键稀缺资源获取困难程度不断提升，而正如本书结论所言，二元平衡战略选择的关键是要实现高能而非低能平衡，高能平衡的实现对资源水平的需求则更高。已有研究表明，企业的冗余资源在一定程度上可以缓解探索和开发式创新之间的资源竞争（李剑力，2009）。因此，企业应着力开展冗余型组织建设。在冗余型组织中，冗余并不是一味的资源浪费，相反企业信息、商业活动和管理责任的重叠可以促进企业内不同部门间的自由对话和沟通（Nonaka，Takeuchi，1996），从而可以消除探索和利用活动的平衡冲突，提高探索和利用活动的平衡水平，避免企业陷入低能平衡困境。

四、互联网商业生态竞争逻辑中，"专才"反而优于 "通才"

本书研究结论表明，在互联网推动产业融合背景下，破坏式创新屡见不鲜，企业经营的外部环境急剧动荡。在此情况下，企业专注探索和利用某一方面的"专才"策略反而优于过度强调探索和利用平衡的"通才"策略。管理者不应一味强调探索和利用的平衡，探索和利用的有所侧重反而是上策。这也与当下倡导的"互联网思维"不谋而合，"极致"和"专注"是不断变化的互联网商业生态环境中所必需的思维。当然，企业应该保持随情境而调整的动态能力，以实现企业内外部的联动。

第四节　研究局限与展望

一、改善数据获取方式，同时考察管理认知的两个维度对组织二元性的影响

本书由于数据获取方式局限，采用认知地图分析获取认知结构的数据，因此采用二手数据较为合适，而战略解释更适于采用问卷调查方法，因此无法同时获取认知结构和认知过程的数据，更无法在实证上同时检验认知结构和认知过程对组织二元性的影响。未来的研究中可以通过数据获取方式的改善，提高研究的质量。如基于二手数据所获样本，针对已有丰富的、公开的认知分析材料的企业，进行跟踪调研和问卷调查，获取认知过程相关的数据，可以弥补现有研究的不足。此外，也可不必局限于上市公司，加强问卷调查的深度，在企业发放问卷的同时广泛收集内部讲话或决策材料，

亦可实现对认知结构和认知过程的全面考察，同时还可以增加样本企业的丰富性，将一些中小型企业纳入研究范围，增加研究样本的代表性。

二、考察管理认知结构与认知过程的互动影响关系及其对组织二元性的影响

本书对管理认知结构和认知过程进行单独考察，忽视了管理认知结构和认知过程之间的影响关系。管理者对外部环境的扫描和解释必然受到其自身所具有的知识特性的影响，而管理者通过战略因素的扫描和解释，筛选保留的信息也会增加现有知识结构的复杂程度，因此在全面考察认知结构和认知过程对组织二元性的影响的同时，需要考察认知结构和认知过程之间的影响关系，明确两者之间的影响机制。在此基础上，进一步考察认知结构、认知过程及其交互作用对组织二元性的影响，可以加深管理认知与组织二元性关系的研究。

三、引入时间维度，综合考察管理认知、组织二元性和企业绩效的动态演化机制

本书聚焦于管理认知对组织二元性和组织二元性对企业绩效的影响，构建了基于管理认知的组织二元性前因和绩效影响的研究框架。不足之处在于未考虑管理认知必然受到企业战略决策和绩效结果的影响，需要从动态视角，引入时间维度，考察绩效结果和组织二元性对管理认知的反馈影响。未来研究可以基于这一研究问题，深入企业进行长期跟踪调研，通过获取丰富的案例素材和扎实的纵向案例对比分析，揭示管理认知、组织二元性和企业绩效之间的动态演化机制，进一步地改善本书的研究框架。

四、开展组织二元性与企业绩效关系的元分析

当前研究中对组织二元性与企业绩效的关系出现了较多不一致的结论，且出现了不同的组织二元性的测量方法，包括取绝对值、乘法、加法和连续值等，也出现了较多不同的调节变量，在不同的情境下发现两者关系也存在差异。本书的研究仅仅从一个视角提供了解释，且运用的样本数据也有待增加，样本的代表性亦受到质疑。通过元分析方法可以广泛收集现有研究中的数据，通过判别测量方法、调节变量、样本地区、行业类别、绩效测量等因素的影响，全面系统地考察组织二元性与绩效关系，为企业转型和构建二元组织提供理论指导。

附录一　访谈提纲

1. 请简单介绍一下公司的战略发展历程，包括主要的战略演变、业务范围和经验地域等情况。

2. 企业在发展过程中，主营业务是否发生了变化，业务扩张和演化的主要逻辑是什么？在这个过程中如何平衡企业长短期战略目标？

3. 新业务的拓展与公司原有业务有什么样的关系，是否会在公司内部竞争资源？公司是如何处理新业务发展和原有业务的关系的？

4. 企业在转型发展过程中，是否引进了先进的生产或管理技术和流程？与原来的技术流程和管理如何融合？

5. 在战略发展过程中，高层管理者的战略思维是否发生了转变，在业务扩张过程中高层战略思维有什么样的作用？

附录二 调查问卷

企业家认知和企业创新战略调查问卷

尊敬的企业家：您好！

非常感谢您百忙之中参与我们的调查，本调查是浙江大学所承担的一项学术课题，旨在研究动态市场环境下企业家认知和企业创新策略。本调查所获数据仅用于学术研究并严格保密，请您放心作答。问题的回答没有对错之分，请您根据实际情况如实填写。您对问题的回答对本书有重要的学术价值，请您务必完整填写！

1. 企业名称：所在地区：设立年份：

2. 企业产权性质：A. 国有及国有控股　B. 民营企业　C. 集体企业　D. 合资企业　E. 其他

3. 企业经营情况（企业所属行业请选择：A. 制造业　B. 餐饮业　C. 地产业　D. 医药业　E. 信息技术业　F. 电子业　G. 金融业　H. 教育业　I. 零售业　J. 快消行业　G. 其他）

时间	所属行业	人数	销售收入	净利润	研发投入
2015 年					
2012 年					

4. 高层管理团队信息（请根据实际情况填写。学历请选择：A. 博士，B. 硕士，C. 本科，D. 大专，E. 高中及以下；教育专业请选择：A. 理工科专业，B. 人文社科专业；职能背景请选择：A. 财务，B. 营销，C. 行政管理，D. 运营，E. 技术或研发，F. 人力资源管理）

团队成员	性别	年龄	任职年数	职务	学历	教育专业	职能背景	曾任职企业数
您本人								
成员1								
成员2								
成员3								
成员4								
成员5								
成员6								

5. 考虑互联网发展对中国当前的市场、技术和经济环境的影响，并结合企业实际情况进行评价，您在多大程度上认为：

基本指标	非常不同意← →非常同意						
	1	2	3	4	5	6	7
在当前的商业环境中本公司可以取得成功							
在当前的商业环境中本公司未来发展将取得更好的业绩							
当前的商业环境具有较大的潜力，有利于企业发展							
当前的商业环境具有积极的作用							
在当前的商业环境中本公司会遭受失败							
本公司未来发展将很可能取得较差的业绩							
当前的商业环境可能是陷阱，不利于企业发展							
当前的商业环境具有负面的影响							

6. 请您根据您个人的实际情况进行评价，您是否同意以下观点：

基本指标	非常不同意← →非常同意						
	1	2	3	4	5	6	7
高管团队内部讨论时，鼓励大家提出不同的意见							
高管团队成员的不同意见都能充分阐释并被得到认真考虑							
高管团队成员有不同的意见时能展开充分的讨论，哪怕是产生一些争论							
当高管团队某位成员忙时其他成员会帮忙分担工作任务							
当高管团队成员分管业务之间配合出现问题时，会互相告知并设法解决							
高管团队成员以公司利益出发，经常互相支持彼此的工作							
高管团队成员决策时能充分地分享和借鉴相关的信息							
高管团队成员之间经常开展非正式的交流活动							
高管团队成员经常讨论彼此对公司发展的期望和要求							

7. 请您根据贵公司的实际情况进行评价，请您评价以下活动的重要程度：

基本指标	非常不同意← →非常同意						
	1	2	3	4	5	6	7
近三年内公司引入新一代产品							
近三年内公司扩大产品范围							
近三年内公司打开新市场							
近三年内公司进入新的技术领域							
近三年内公司提高现有产品的质量							
近三年内公司提高生产柔性							
近三年内公司降低生产成本							
近三年内公司提高生产效率							

8. 请对贵公司过去三年的实际情况进行评估，您是否同意以下观点：

基本指标	非常不同意← →非常同意						
	1	2	3	4	5	6	7
企业间的市场竞争非常激烈							
很难预测顾客需求及产品偏好变化							
竞争对手的市场行为难以预测							
市场需求增长非常快							
潜在市场需求非常大							
新企业进入较多							
技术变化非常快							
技术发展趋势很难预测							
技术环境很不确定							

最后，真诚感谢您的支持！祝您工作顺利，身体健康，祝愿贵企业基业长青！若您对本研究的结果感兴趣，请您留下您的邮箱，我们将对研究结果进行反馈。

参 考 文 献

［1］蔡宁，王节祥，杨大鹏．产业融合背景下平台包络战略选择与竞争优势构建——基于浙报传媒的案例研究 ［J］．中国工业经济，2015（5）：96 - 109.

［2］陈超美，陈悦，侯剑华，等．CiteSpaceⅡ：科学文献中新趋势与新动态的识别与可视化 ［J］．情报学报，2009（3）：401 - 421.

［3］陈晓萍，徐淑英，樊景立．组织与管理研究的实证方法 ［M］．北京大学出版社，2008：128.

［4］陈颖．中小企业组织二元性对企业绩效的影响作用研究 ［D］．浙江大学，2014.

［5］陈悦等．引文空间分析原理与应用：CiteSpace 实用指南 ［J］．北京：科学出版社，2014.

［6］邓少军，芮明杰．高层管理者认知与企业双元能力构建——基于浙江金信公司战略转型的案例研究 ［J］．中国工业经济，2013（11）：135 - 147.

［7］邓少军，芮明杰．组织能力演化微观认知机制研究前沿探析 ［J］．外国经济与管理，2009，31（11）：38 - 44.

［8］邓少军．高层管理者认知与企业动态能力演化 ［D］．复旦大学，2010.

［9］范柏乃．高级公共管理研究方法 ［M］．科学出版社，2014.

［10］古家军，王行思．企业高管团队内部社会资本、团队行为整合与战略决策速度的关系研究 ［J］．科研管理，2016，37（8）：123 - 129.

[11] 贺远琼，田志龙，陈昀．环境不确定性、企业高层管理者社会资本与企业绩效关系的实证研究 [J]．管理学报，2008，5 (3)：423．

[12] 焦豪．双元型组织竞争优势的构建路径：基于动态能力理论的实证研究 [J]．管理世界，2011 (11)：76-91．

[13] 井润田．行业层面的管理决断权度量及其对高管薪酬的影响 [C]．2009．

[14] 李剑力．探索性创新、开发性创新与企业绩效关系研究——基于冗余资源调节效应的实证分析 [J]．科学学研究，2009，27 (9)：1418-1427．

[15] 李忆，司有和．探索式创新、利用式创新与绩效：战略和环境的影响 [J]．南开管理评论，2008，11 (5)：4-12．

[16] 李有根，赵西萍．大股东股权、经理自主权与公司绩效 [J]．中国软科学，2004 (4)：86-92．

[17] 李有根．公司治理中的经理自主权研究 [D]．西安交通大学，2002．

[18] 连燕玲，周兵，贺小刚，等．经营期望、管理自主权与战略变革 [J]．经济研究，2015 (8)：31-44．

[19] 凌鸿，赵付春，邓少军．双元性理论和概念的批判性回顾与未来研究展望 [J]．外国经济与管理，2010，32 (1)：132-136．

[20] 刘宁，张正堂，张子源．研发团队多元性、行为整合与创新绩效关系的实证研究 [J]．科研管理，2012，33 (12)：135-141．

[21] 刘鑫，蒋春燕．高层管理团队行为整合对组织双元性的影响：战略决策周密性的中介作用及长期薪酬的调节作用 [J]．商业经济与管理，2015 (7)：25-33．

[22] 刘洋，魏江，应瑛．组织二元性：管理研究的一种新范式 [J]．浙江大学学报人文社会科学版，2011，41 (6)：132-142．

[23] 刘洋．转型经济背景下后发企业启发式规则，研发网络边界拓展与创新追赶 [D]．浙江大学，2014．

[24] 马富萍，郭晓川.高管团队异质性与技术创新绩效的关系研究——以高管团队行为整合为调节变量 [J].科学学与科学技术管理，2010，31 (12)：186 - 191.

[25] 马庆国.管理统计：数据获取、统计原理、SPSS 工具与应用研究 [M].科学出版社，2002.

[26] 毛基业，李高勇.案例研究的"术"与"道"的反思——中国企业管理案例与质性研究论坛（2013）综述 [J].管理世界，2014 (2)：111 - 117.

[27] 毛基业，苏芳.案例研究的理论贡献——中国企业管理案例与质性研究论坛（2015）综述 [J].管理世界，2016 (2)：128 - 132.

[28] 倪旭东，张钢.作为思想挖掘工具的认知地图及其应用 [J].科研管理，2008，29 (4)：19 - 27.

[29] 欧阳桃花.试论工商管理学科的案例研究方法 [J].南开管理评论，2004，7 (2)：100 - 105.

[30] 潘松挺，郑亚莉.网络关系强度与企业技术创新绩效——基于探索式学习和利用式学习的实证研究 [J].科学学研究，2011，29 (11)：1736 - 1743.

[31] 逢晓霞，邹国庆，宋方煜.家长式领导风格与高管团队行为整合的关系 [J].中国流通经济，2012，26 (5)：112 - 116.

[32] 芮明杰，邓少军.产业网络环境下企业跨组织知识整合的内在机理 [J].当代财经，2009 (1)：69 - 75.

[33] 尚航标，黄培伦，田国双，等.企业管理认知变革的微观过程：两大国有森工集团的跟踪性案例分析 [J].管理世界，2014 (6)：126 - 141.

[34] 尚航标，黄培伦.管理认知与动态环境下企业竞争优势：万和集团案例研究 [J].南开管理评论，2010，13 (3)：70 - 79.

[35] 尚航标，李卫宁，黄培伦.两类环境中的管理认知与战略变革关系研究 [J].科技管理研究，2014，34 (11)：167 - 175.

［36］尚航标，李卫宁.战略决策团队认知偏好及其变化的较会学解释［J］.外国经济与管理，2015（10）：3-17.

［37］尚航标.动态环境下战略决策者管理认知对战略反应速度与动态能力的影响研究［D］.华南理工大学，2010.

［38］苏敬勤，刘静.案例研究数据科学性的评价体系——基于不同数据源案例研究样本论文的实证分析［J］.科学学研究，2013，31（10）：1522-1531.

［39］苏文兵，徐东辉，梁迎弟.经理自主权、政治成本与R&D投入［J］.财贸研究，2011，22（3）：136-146.

［40］王凤彬，陈建勋，杨阳.探索式与利用式技术创新及其平衡的效应分析［J］.管理世界，2012（3）：96-112.

［41］王丽敏，李凯，王世权.大型国有分公司总经理自主权评价及实证分析［J］.管理学报，2010，7（10）：1572-1578.

［42］王世权，牛建波.国有大型总分公司式企业集团分公司总经理自主权评价及实证分析——基于省级分公司问卷调研的研究［C］.2009.

［43］王唯梁，谢小云.团队创新研究进展述评与重构：二元性视角［J］.外国经济与管理，2015，37（6）：39-49.

［44］王永健.企业能力、管理者认知与地域多元化：中国市场分割条件下的实证研究［D］.华南理工大学，2014.

［45］魏江，邬爱其，彭雪蓉.中国战略管理研究：情境问题与理论前沿［J］.管理世界，2014（12）：167-171.

［46］吴东.战略谋划、产业变革与对外直接投资进入模式研究［D］.浙江大学，2011.

［47］吴晓波，陈颖.中小企业组织二元性对企业绩效的影响机制研究［J］.浙江大学学报（人文社会科学版），2014，44（5）：97-109.

［48］武亚军.“战略框架式思考”“悖论整合”与企业竞争优势——任正非的认知模式分析及管理启示［J］.管理世界，

2013, 235 (4): 150-167.

[49] 徐梦周. 创投机构战略选择与投资绩效 [D]. 浙江大学, 2010.

[50] 杨大鹏, 蔡宁, 潘松挺. 战略导向对企业双元技术创新的差异化影响——技术环境的调节作用 [J]. 技术经济, 2017 (2): 39-46.

[51] 杨俊, 张玉利, 刘依冉. 创业认知研究综述与开展中国情境化研究的建议 [J]. 管理世界, 2015 (9): 158-169.

[52] 杨雪, 顾新, 王元地. 企业外部技术搜寻平衡研究——基于探索—开发的视角 [J]. 科学学研究, 2015, 33 (6): 907-914.

[53] 姚振华, 孙海法. 高管团队行为整合的构念和测量: 基于行为的视角 [J]. 商业经济与管理, 2009, 218 (12): 28-36.

[54] 姚振华, 孙海法. 高管团队组成特征与行为整合关系研究 [J]. 南开管理评论, 2010, 13 (1): 15-22.

[55] 应国瑞. 案例学习研究: 设计与方法 [M]. 中山大学出版社, 2003.

[56] 张长征, 胡利利. 基于经理自主权的企业技术创新决策模型研究: 来自陕西省技术型企业的经验证据 [J]. 经济研究导刊, 2011 (34): 30-32.

[57] 张长征, 李怀祖. 公司治理中的经理自主权研究综述 [J]. 软科学, 2008, 22 (5): 33-38.

[58] 张凌. 基于认知地图的隐性知识表达与共享 [M]. 武汉大学出版社, 2011.

[59] 张三保, 张志学. 管理自主权: 融会中国与西方、连接宏观与微观 [J]. 管理世界, 2014 (3): 102-118.

[60] 张三保, 张志学. 区域制度差异, CEO管理自主权与企业风险承担——中国30省高技术产业的证据 [J]. 管理世界, 2012 (4): 101-114.

[61] 张霞, 毛基业. 国内企业管理案例研究的进展回顾与改

进步骤——中国企业管理案例与理论构建研究论坛（2011）综述 [J]. 管理世界, 2012 (2): 105 - 111.

[62] 张玉利, 李乾文. 公司创业导向、双元能力与组织绩效 [J]. 管理科学学报, 2009, 12 (1): 137 - 152.

[63] 张玉利, 李乾文. 双元型组织研究评介 [J]. 外国经济与管理, 2006, 28 (1): 1 - 8.

[64] Adams M, Hossain M. Managerial discretion and voluntary disclosure: Empirical evidence from the New Zealand life insurance industry [J]. Journal of Accounting, Public Policy, 1998, 17 (3): 245 - 281.

[65] Adler P S, Goldoftas B, Levine D I. Flexibility Versus Efficiency? a Case Study of Model Changeovers in the Toyota Production System [J]. Organization Science, 1999, 10 (1): 43 - 68.

[66] Andriopoulos C, Lewis M W. Exploitation-Exploration Tensions and Organizational Ambidexterity: Managing Paradoxes of Innovation [J]. Organization Science, 2009, 20 (4): 696 - 717.

[67] Argyris C, Schön D A. Organizational Learning: A Theory of Action Perspective [M]. MA: Addison-Wesley Reading, 1978: 345 - 348.

[68] Ari G, Venkatraman N. Investing in new information technology: The role of competitive posture and issue diagnosis [J]. Strategic Management Journal, 1992, 13 (S1): 37 - 53.

[69] Atuahene-Gima K. Resolving the Capability - Rigidity Paradox in New Product Innovation [J]. Journal of Product Innovation Management, 2005, 23 (3): 289 - 291.

[70] Auh S, Menguc B. Balancing exploration and exploitation: The moderating role of competitive intensity [J]. Journal of Business Research, 2005, 58 (12): 1652 - 1661.

[71] Baden-Fuller C, Volberda H W. Strategic Renewal: How

Large Complex Organizations Prepare for the Future [J]. International Studies of Management, Organization, 1997, 27 (2): 95 – 120.

[72] Barr P S, Glynn M A. Cultural variations in strategic issue interpretation: Relating cultural uncertainty avoidance to controllability in discriminating threat and opportunity [J]. Strategic Management Journal, 2004, 25 (1): 59 – 67.

[73] Beatty R P, Zajac E J. Managerial Incentives, Monitoring, and Risk Bearing: A Study of Executive Compensation, Ownership, and Board Structure in Initial Public Offerings [J]. Administrative Science Quarterly, 1994, 39 (2): 313.

[74] Birkinshaw J, Gibson C. Building Ambidexterity Into an Organization [J]. Mit Sloan Management Review, 2004, 45 (4): 47 – 55.

[75] Blau P M, Schoenherr R A. The structure of organizations [M]. New York: Basic Books, 1971.

[76] Blindenbach-Driessen F, Den Ende J V. Innovation in project-based firms: The context dependency of success factors [J]. Research Policy, 2006, 35; 10 (4, 8): 545 – 561, 1170 – 1178.

[77] Bluhm D J, Harman W, Lee T W, et al. Qualitative Research in Management: A Decade of Progress [J]. Journal of Management Studies, 2011, 48 (8): 1866 – 1891.

[78] Boone C, Olffen W V, Witteloostuijn A V, et al. The Genesis of Top Management Team Diversity: Selective Turnover among Top Management Teams in Dutch Newspaper Publishing, 1970 – 94 [J]. Academy of Management Journal, 2004, 47 (5): 633 – 656.

[79] Burgelman R A. Intraorganizational Ecology of Strategy Making and Organizational Adaptation: Theory and Field Research [J]. Organization Science, 1991, 2 (3): 239 – 262.

[80] Burgers J H, Covin J G. The contingent effects of differentiation and integration on corporate entrepreneurship [J]. Strategic Man-

agement Journal, 2014, 37 (3): 521 – 540.

［81］ Burns T, Stalker G M. The Management of Innovation. ［M］. London: Tavistock, 1961: 403.

［82］ Cadogan J W, Cui C C, Li E K Y. Export market-oriented behavior and export performance ［J］. International Marketing Review, 2003, 20 (5): 493 – 513.

［83］ Calori R, Johnson G, Sarnin P. Ceos' cognitive maps and the scope of the organization ［J］. Strategic Management Journal, 1994, 15 (6): 437 – 457.

［84］ Cao Q, Gedajlovic E, Zhang H. Unpacking Organizational Ambidexterity: Dimensions, Contingencies, and Synergistic Effects ［J］. Organization Science, 2009, 20 (4): 781 – 796.

［85］ Cao Q, Simsek Z, Zhang H. Modelling the Joint Impact of the CEO and the TMT on Organizational Ambidexterity ［J］. Journal of Management Studies, 2009, 47 (7): 1272 – 1296.

［86］ Carley K, Palmquist M. Extracting, Representing, and Analyzing Mental Models ［J］. Social Forces, 1992, 70 (3): 601.

［87］ Carmeli A, Schaubroeck J. The influence of leaders' and other referents' normative expectations on individual involvement in creative work ［J］. Leadership Quarterly, 2007, 18 (1): 35 – 48.

［88］ Carmeli A. Top Management Team Behavioral Integration and the Performance of Service Organizations ［J］. Group, Organization Management: An International Journal, 2008, 33 (6): 712 – 735.

［89］ Carpenter M A, Golden B R. Perceived managerial discretion: a study of cause and effect ［J］. Strategic Management Journal, 1997, 18 (3): 187 – 206.

［90］ Chandler A D. Strategy and structure: Chapters in the history of the industrial enterprise ［M］. MIT press, 1990.

［91］ Chang E C, Wong S M L. Managerial Discretion and Firm

Performance in China's Listed Firms ［J］. 2006.

［92］ Chattopadhyay P, Glick W H, Huber G P. Organizational Actions in Response to Threats and Opportunities ［J］. Academy of Management Journal, 2001, 44 (5): 937 – 955.

［93］ Chattopadhyay P. Beyond Direct and Symmetrical Effects: The Influence of Demographic Dissimilarity on Organizational Citizenship Behavior ［J］. Academy of Management Journal, 1999, 42 (3): 273 – 287.

［94］ Child J, Mansfield R. Technology, size, and organization structure ［J］. Sociology, 1972, 6 (3): 369 – 393.

［95］ Cho T S, Hambrick D C. Attention as the Mediator Between Top Management Team Characteristics and Strategic Change: The Case of Airline Deregulation ［J］. Organization Science, 2006, 17 (4): 453 – 469.

［96］ Christensen C M, Overdorf M. Meeting the Challenge of Disruptive Change ［J］. Harvard Business Review, 2000, 78 (2): 67 – 76.

［97］ Cohen J, Cohen P C, West S G, et al. Applied Multiple Regression/Correlation Analysis for the Behavioral Sciences, 3rd Ed ［J］. Journal of the Royal Statistical Society, 2003, 52 (4): 227 – 229.

［98］ Corbin J M, Strauss A. Grounded theory research: Procedures, canons, and evaluative criteria ［J］. Qualitative sociology, 1990, 13 (1): 3 – 21.

［99］ Costarelli S, Colloca P. Intergroup conflict, out-group derogation, and self-directed negative affect among Italian South Tyroleans ［J］. The Journal of Social Psychology, 2004, 144 (2): 181.

［100］ Crossland C, Hambrick D C. Differences in Managerial Discretion across Countries: How Nation-Level Institutions Affect the Degree to Which CEOs Matter ［J］. Strategic Management Journal,

2011, 32 (8): 797 – 819.

[101] Daft R L, Weick K E. Toward a Model of Organizations as Interpretation Systems [J]. Academy of Management Review, 1984, 9 (2): 284 – 295.

[102] Danneels E. The dynamics of product innovation and firm competences [J]. Strategic Management Journal, 2002, 23 (12): 1095 – 1121.

[103] De Clercq D, Thongpapanl N, Dimov D. Getting More from Cross-Functional Fairness and Product Innovativeness: Contingency Effects of Internal Resource and Conflict Management [J]. Journal of Product Innovation Management, 2013, 30 (1): 56 – 69.

[104] Demirkan S, Demirkan I. Implications of strategic alliances for earnings quality and capital market investors [J]. Journal of Business Research, 2014, 67 (9): 1806 – 1816.

[105] Donaldson L. The contingency theory of organizations [M]. Sage, 2001.

[106] Dong J, Gou Y N. Corporate governance structure, managerial discretion, and the R&D investment in China [J]. International Review of Economics, Finance, 2010, 19 (2): 180 – 188.

[107] Duncan R B. The Ambidextrous Organization: Designing Dual Structures for Innovation [J]. Management of Organization Design, 1976: 167 – 188.

[108] Dutton J E, Duncan R B. The influence of the strategic planning process on strategic change [J]. Strategic Management Journal, 1987, 8 (2): 103 – 116.

[109] Dutton J E, Fahey L, Narayanan V K. Toward understanding strategic issue diagnosis [J]. Strategic Management Journal, 1983, 4 (4): 307 – 323.

[110] Dutton J E, Jackson S E. Categorizing Strategic Issues:

Links to Organizational Action [J]. Academy of Management Review, 1987, 12 (1): 76 – 90.

[111] Ebben J J, Johnson A. Efficiency, flexibility, or both? Evidence linking strategy to performance in small firms [J]. Strategic Management Journal, 2005, 26 (13): 1249 – 1259.

[112] Eden C, Ackermann F, Cropper S. The analysis of cause maps [J]. Journal of Management Studies, 1992, 29 (3): 309 – 324.

[113] Edmondson A C, Roberto M A, Watkins M D. A dynamic model of top management team effectiveness: managing unstructured task streams [J]. Leadership Quarterly, 2003, 14 (3): 297 – 325.

[114] Eggers J P, Kaplan S. Cognition and Renewal: Comparing CEO and Organizational Effects on Incumbent Adaptation to Technical Change [J]. Organization Science, 2009, 20 (2): 461 – 477.

[115] Eisenhardt K M, Brown S L. Competing on the Edge: Strategy as Structured Chaos [J]. Long Range Planning, 1998, 31 (5): 786 – 789.

[116] Eisenhardt K M, Graebner M E. Building Theory from Cases: Opportunities and Challanges [J]. 2007.

[117] Eisenhardt K M. Building Theories from Case Study Research [J]. Academy of Management Review, 1989, 14 (4): 532 – 550.

[118] Farjoun M. Strategy making, novelty and analogical reasoning & mdash; commentary on Gavetti, Levinthal, and Rivkin (2005) [J]. Strategic Management Journal, 2008, 29 (29): 1001 – 1016.

[119] Finkelstein S, Boyd B K. How Much Does the CEO Matter? The Role of Managerial Discretion in the Setting of CEO Compensation [J]. Academy of Management Journal, 1998, 41 (2): 179 – 199.

[120] Finkelstein S, Hambrick D C. Top-Management-Team Tenure and Organizational Outcomes: The Moderating Role of Managerial Discretion [J]. Administrative Science Quarterly, 1990, 35 (3):

484 – 503.

[121] Fiol C M. Managing Culture as a Competitive Resource: An Identity-Based View of Sustainable Competitive Advantage [J]. Journal of Management: Official Journal of the Southern Management Association, 1991, 17 (1): 191 – 211.

[122] Fiol, Marlene C, O'connor, et al. WAKING UP! MINDFULNESS IN THE FACE OF BANDWAGONS [J]. Academy of Management Review, 2003, 28 (1): 54 – 70.

[123] Fiske S T, Taylor S E. Social Cognition: From Brains to Culture [J]. 1991.

[124] Floyd S W, Lane P J. Strategizing throughout the Organization: Managing Role Conflict in Strategic Renewal [J]. Academy of Management Review, 2000, 25 (1): 154 – 177.

[125] Fong C T. The effects of emotional ambivalence on creativity [J]. Academy of Management Journal, 2006, 49 (5): 1016 – 1030.

[126] Freeman J, Hannan M T. Niche Width and the Dynamics of Organizational Populations [J]. American Journal of Sociology, 1983, 88 (Volume 88, Number 6): 1116 – 1145.

[127] Garud R, Rappa M A. A Socio-Cognitive Model of Technology Evolution: The Case of Cochlear Implants [J]. Organization Science, 1994, 5 (3): 344 – 362.

[128] Gavetti G. Cognition and Hierarchy: Rethinking the Microfoundations of Capabilities' Development [J]. Organization Science, 2005, 16 (6): 599 – 617.

[129] Gebauer H. An attention-based view on service orientation in the business strategy of manufacturing companies [J]. Journal of Managerial Psychology, 2009, 24 (1): 79 – 98.

[130] George E, Chattopadhyay P, Sitkin S I M B, et al. Cognitive Underpinnings of Institutional Persistence and Change: A Framing

Perspective [J]. Academy of Management Review, 2006, 347 - 365 (31).

[131] Gibson C B, Birkinshaw J. The Antecedents, Consequences, and Mediating Role of Organizational Ambidexterity [J]. Academy of Management Journal, 2004, 47 (2): 209 - 226.

[132] Gilbert C G. Change in The Presence of Residual Fit: Can Competing Frames Coexist? [J]. Organization Science, 2006a, 17 (1): 150 - 167.

[133] Gilbert C G. Change in The Presence of Residual Fit: Can Competing Frames Coexist? [J]. Organization Science, 2006b, 17 (1): 150 - 167.

[134] Gupta A K, Smith K G, Shalley C E. The Interplay between Exploration and Exploitation [J]. Academy of Management Journal, 2006, 49 (4): 693 - 706.

[135] Haleblian J, Finkelstein S. Top Management Team Size, CEO Dominance, and Firm Performance: The Moderating Roles of Environmental Turbulence and Discretion [J]. The Academy of Management Journal, 1993, 36 (4): 844 - 863.

[136] Hambrick D C, Abrahamson E. Assessing Managerial Discretion across Industries: A Multimethod Approach [J]. Academy of Management Journal, 1995, 38 (5): 1427 - 1441.

[137] Hambrick D C, Finkelstein S. Managerial discretion: A bridge between polar views of organizational outcomes. [J]. Research in Organizational Behavior, 1987, 9 (4): 369 - 406.

[138] Hambrick D C, Geletkanycz M A, Fredrickson J W. Top executive commitment to the [J]. 1993.

[139] Hambrick D C, Mason P A. Upper Echelons: The Organization as a Reflection of Its Top Managers [J]. Social Science Electronic Publishing, 1984, 9 (2): 193 - 206.

[140] Hambrick D C, Nadler D, Tushman M L. Navigating change: how CEOs, top teams, and boards steer transformation [M]. Harvard Business School Press, 1998.

[141] Hambrick D C. Corporate coherence and the TOP management team [J]. Strategy, Leadership, 1997, 25 (5): 24 – 29.

[142] Hambrick D C. Top management groups: A conceptual integration and reconsideration of the team label. In BM Staw & LL Cummings (Eds.), Research in organizational behavior, Vol. 16: 171 – 214. Greenwich, CT: JAI [J]. 1994.

[143] Hambrick D C. Upper Echelons Theory: An Update [J]. Academy of Management Review, 2007, 32 (2): 334 – 343.

[144] Hannan M T, Freeman J. The Population Ecology of Organizations [J]. American Journal of Sociology, 1977, 82 (Volume 82, Number 5): 929 – 964.

[145] He Z L, Wong P K. Exploration vs. Exploitation: An Empirical Test of the Ambidexterity Hypothesis [J]. Organization Science, 2004, 15 (4): 481 – 494.

[146] Heavey C, Simsek Z, Fox B C. Managerial Social Networks and Ambidexterity of SMEs: The Moderating Role of a Proactive Commitment to Innovation [J]. Human Resource Management, 2015, 54 (S1): s201 – s221.

[147] Hodgkinson G P, Bown N J, Maule A J, et al. Breaking the frame: An analysis of strategic cognition and decision making under uncertainty [J]. Strategic management journal, 1999: 977 – 985.

[148] Hodgkinson G P. Cognitive Inertia in a Turbulent Market: the Case of UK Residential Estate Agents [J]. Journal of Management Studies, 1997, 34 (6): 921 – 945.

[149] Huff A S. Mapping strategic thought [J]. Academy of Management Review, 1992, 17 (1): 145 – 148.

[150] Hutzschenreuter T, Kleindienst I. Strategy-Process Research: What Have We Learned and What Is Still to Be Explored [J]. Journal of Management: Official Journal of the Southern Management Association, 2006, 32 (5): 673 – 720.

[151] Huy Q N. Emotional Balancing of Organizational Continuity and Radical Change: The Contribution of Middle Managers [J]. Administrative Science Quarterly, 2002, 47 (1): 31 – 69.

[152] Jansen J J P, Den Bosch F V, Volberda H W. Exploratory Innovation, Exploitative Innovation, and Performance: Effects of Organizational Antecedents and Environmental Moderators [J]. Management Science, 2006, 52 (11): 1661 – 1674.

[153] Jansen J J P, Simsek Z, Cao Q. Ambidexterity and performance in multiunit contexts: Cross-level moderating effects of structural and resource attributes [J]. Strategic Management Journal, 2012, 33 (11): 1286 – 1303.

[154] Jansen J J P, Tempelaar M, Den Bosch F V, et al. Structural Differentiation and Ambidexterity: The Mediating Role of Integration Mechanisms [J]. Organization Science, 2009, 20 (4): 797 – 811.

[155] Jiatao L I, Tang Y I. CEO hubris and firm risk taking in china: the moderating role of managerial discretion [J]. Academy of Management Journal, 2010, 53 (1): 45 – 68.

[156] Jonas K, Broemer P, Diehl M. Attitudinal Ambivalence [J]. European Review of Social Psychology, 2000, 11 (1): 35 – 74.

[157] Jonas K, Diehl M, Brömer P. Effects of Attitudinal Ambivalence on Information Processing and Attitude-Intention Consistency [J]. Journal of Experimental Social Psychology, 1997, 33 (2): 190 – 210.

[158] Kabanoff B, Brown S. Knowledge structures of prospectors, analyzers, and defenders: Content, structure, stability, and performance [J]. Strategic Management Journal, 2008, 29 (2): 149 – 171.

[159] Kaplan S. Framing Contests: Strategy Making Under Uncertainty [J]. Organization Science, 2008, 19 (5): 729 –752.

[160] Katila R, Ahuja G. Something Old, Something New: A Longitudinal Study of Search Behavior and New Product Introduction [J]. Academy of Management Journal, 2002, 45 (6): 1183 –1194.

[161] Key S. , Analyzing managerial discretion: an assessment tool to predict individual policy decisions [J]. International Journal of Organizational Analysis, 1997, 5 (2): 134 –155.

[162] Khandwalla P N. Mass output orientation of operations technology and organizational structure [J]. Administrative Science Quarterly, 1974: 74 –97.

[163] Krueger Jr N F. The cognitive infrastructure of opportunity emergence [M]. Entrepreneurship. Springer Berlin Heidelberg, 2007: 185 –206.

[164] Kyriakopoulos K, Moorman C. Tradeoffs in marketing exploitation and exploration strategies: the overlooked role of market orientation [J]. International Journal of Research in Marketing, 2004, 21 (3): 219 –240.

[165] Lavie D, Kang J, Rosenkopf L. Balance Within and Across Domains: The Performance Implications of Exploration and Exploitation in Alliances [J]. Organization Science, 2013, 22 (6): 1517 –1538.

[166] Lavie D, Rosenkopf L. Balancing Exploration and Exploitation in Alliance Formation [J]. Academy of Management Journal, 2006, 49 (4): 797 –818.

[167] Lavie D, Stettner U, Tushman M L. Exploration and Exploitation Within and Across Organizations [J]. Academy of Management Annals, 2010, 4 (1): 109 –155.

[168] Levinthal D A, March J G. The myopia of learning [J].

Strategic Management Journal, 1993, 14 (S2): 95 - 112.

[169] Levinthal D A. Adaptation on Rugged Landscapes [J]. Management Science, 1997, 43 (7): 934 - 950.

[170] Levinthal D, Rerup C. Crossing an Apparent Chasm: Bridging Mindful and Less-Mindful Perspectives on Organizational Learning [J]. Organization Science, 2006, 17 (4): 502 - 513.

[171] Levy O. The influence of top management team attention patterns on global strategic posture of firms [J]. Journal of Organizational Behavior, 2005, 26 (7): 797 - 819.

[172] Li H, Zhang Y A N. Founding team comprehension and behavioral integration: Evidence from new technology ventures in China [J]. Academy of Management Proceedings, Membership Directory, 2002.

[173] Li J, Hambrick D C. Factional groups: A new vantage on demographic faultlines, conflict, and disintegration in work teams. [J]. Academy of Management Journal, 2005, 48 (5): 794 - 813.

[174] Li Y, Wang X L, Liu B. Top management team managerial discretion, strategic flexibility, and firm growth performance: Evidence from China's listed small and medium-sized enterprises [J]. 2013: 783 - 788.

[175] Lichtenthaler U, Muethel M. Retracted: The Impact of Family Involvement on Dynamic Innovation Capabilities: Evidence From German Manufacturing Firms [J]. Entrepreneurship Theory and Practice, 2012, 36 (6): 1235 - 1253.

[176] Lin H, Mcdonough E F, Lin S, et al. Managing the Exploitation/Exploration Paradox: The Role of a Learning Capability and Innovation Ambidexterity [J]. Journal of Product Innovation Management, 2013, 30 (2): 262 - 278.

[177] Lin Z, Yang H, Demirkan I. The performance consequences of ambidexterity in strategic alliance formations: Empirical in-

vestigation and computational theorizing [J] . Management science, 2007, 53 (10): 1645 – 1658.

[178] Liu J, Chen L, Kittilaksanawong W. External Knowledge Search Strategies in China's Technology Ventures: The Role of Managerial Interpretations and Ties [J]. Management and Organization Review, 2013, 9 [3 (Special Issue Knowledge Search, Spillovers, and Creation in Emerging Markets)]: 437 – 463.

[179] Lubatkin M H, Simsek Z, Yan L, et al. Ambidexterity and Performance in Small-to Medium-Sized Firms: The Pivotal Role of Top Management Team Behavioral Integration [J]. Journal of Management: Official Journal of the Southern Management Association, 2006, 32 (5): 646 – 672.

[180] Marcel J J, Barr P S, Duhaime I M. The influence of executive cognition on competitive dynamics [J] . Strategic Management Journal, 2015, 32 (2): 115 – 138.

[181] March J G. Exploration and Exploitation in Organizational Learning [J]. Organization Science, 1991, 2 (1): 71 – 87.

[182] Menguc B, Auh S. The asymmetric moderating role of market orientation on the ambidexterity-firm performance relationship for prospectors and defenders [J] . Industrial Marketing Management, 2008, 37 (4): 455 – 470.

[183] Merton R K. Sociological ambivalence and other essays [M]. Simon and Schuster, 1976.

[184] Mintzberg H, Ahlstrand B W, Lampel J. Strategy safari: a guided tour through the wilds of strategic management [M]: Free Press, 2005: 152.

[185] Mitchell R K, Smith B, Seawright K W, et al. Cross-Cultural Cognitions and the Venture Creation Decision [J] . Academy of Management Journal, 2000, 43 (5): 974 – 993.

[186] Mom T J M, Bosch F A J V, Volberda H W. Investigating Managers' Exploration and Exploitation Activities: The Influence of Top-Down, Bottom-Up, and Horizontal Knowledge Inflows [J]. Journal of Management Studies, 2007, 44 (6): 910 – 931.

[187] Mooney A C, Sonnenfeld J. Exploring antecedents to top management team conflict: The importance of behavioral integration [J]. Academy of Management Annual Meeting Proceedings, 2001, 2001 (1): I1 – I6.

[188] Nadkarni S, Barr P S. Environmental Context, Managerial Cognition, and Strategic Action: An Integrated View [J]. Strategic Management Journal, 2008, 29 (13): 1395 – 1427.

[189] Nadkarni S, Narayanan V K. Strategic schemas, strategic flexibility, and firm performance: the moderating role of industry clock-speed [J]. Strategic Management Journal, 2007, 28 (3): 243 – 270.

[190] Narayanan V K, Zane L J, Kemmerer B. The Cognitive Perspective in Strategy: An Integrative Review [J]. Journal of Management: Official Journal of the Southern Management Association, 2011, 37 (1): 305 – 351.

[191] Nonaka I, Takeuchi H. The knowledge-creating company: How Japanese companies create the dynamics of innovation [J]. Journal of International Business Studies, 1996, 29 (1): 196 – 201.

[192] Ohmae K. The mind of the strategist [M]. Harmondsworth: Penguin, 1983.

[193] O'Reilly C A, Tushman M L. Ambidexterity as a dynamic capability: Resolving the innovator's dilemma [J]. Research in Organizational Behavior, 2008, 28: 185 – 206.

[194] O'Reilly C A, Tushman M L. Organizational Ambidexterity in Action: How Managers Explore and Exploit [J]. California Management Review, 2011, 53 (4): 5 – 22.

［195］ Piao M, Zajac E J. How exploitation impedes and impels exploration: Theory and evidence ［J］. Strategic Management Journal, 2016, 37 （7）: 1431 – 1447.

［196］ Piderit S K. Rethinking Resistance and Recognizing Ambivalence: A Multidimensional View of Attitudes toward an Organizational Change ［J］. Academy of Management Review, 2000, 25 （25）: 783 – 794.

［197］ Plambeck N, Plambeck N. The development of new products: the role of firm context and managerial cognition ［J］. Development and Learning in Organizations, 2012, 27 （1）: 607 – 621.

［198］ Plambeck N, Weber K. CEO Ambivalence and Responses to Strategic Issues ［J］. Organization Science, 2009, 20 （6）: 993 – 1010.

［199］ Plambeck N, Weber K. When the glass is half full and half empty: CEOs' ambivalent interpretations of strategic issues ［J］. Strategic Management Journal, 2010, 31 （7）: 689 – 710.

［200］ Poole M S, Ven A H V D. Using Paradox to Build Management and Organization Theories ［J］. Academy of Management Review, 1989, 14 （4）: 562 – 578.

［201］ Prahalad C K, Bettis R A. The dominant logic: A new linkage between diversity and performance ［J］. Strategic Management Journal, 1986, 7 （6）: 485 – 501.

［202］ Priester J R, Petty R E. Extending the bases of subjective attitudinal ambivalence: Interpersonal and intrapersonal antecedents of evaluative tension. ［J］. Journal of Personality, Social Psychology, 2001, 80 （1）: 19 – 34.

［203］ Raisch S, Birkinshaw J, Probst G, et al. Organizational Ambidexterity: Balancing Exploitation and Exploration for Sustained Performance ［J］. Organization Science, 2009, 20 （4）: 685 – 695.

［204］ Raisch S, Birkinshaw J. Organizational Ambidexterity:

Antecedents, Outcomes, and Moderators [J]. Journal of Management: Official Journal of the Southern Management Association, 2008, 34 (3): 375 – 409.

[205] Reger R K, Huff A S. Strategic groups: A cognitive perspective [J]. Strategic Management Journal, 1993, 14 (2): 103 – 123.

[206] Rothaermel Frank T. , Alexandre Maria Tereza. Ambidexterity in Technology Sourcing: The Moderating Role of Absorptive Capacity [J]. Organization Science, 2009, 20; 10 (4; 8): 759 – 780, 1170 – 1178.

[207] Schildt H, Maula M V J, Keil T. Explorative and Exploitative Learning from External Corporate Ventures [J]. Entrepreneurship Theory and Practice, 2005, 29 (4): 493 – 515.

[208] Schwenk C R. Cognitive simplification processes in strategic decision-making [J]. Strategic Management Journal, 1984, 5 (2): 111 – 128.

[209] Senge P M. The fifth discipline: the art and practice of the learning organization [J]. Performance, Instruction, 1991, 30 (5): 37.

[210] Sharma S. Managerial Interpretations and Organizational Context as Predictors of Corporate Choice of Environmental Strategy [J]. Academy of Management Journal, 2000, 43 (4): 681 – 697.

[211] Siggelkow N, Levinthal D A. Escaping real (non-benign) competency traps: linking the dynamics of organizational structure to the dynamics of search [J]. Strategic Organization, 2005, 3 (1): 85 – 115.

[212] Siggelkow N, Levinthal D A. Temporarily Divide to Conquer: Centralized, Decentralized, and Reintegrated Organizational Approaches to Exploration and Adaptation [J]. Organization Science, 2003, 14 (6): 650 – 669.

[213] Simsek Z. Organizational Ambidexterity: Towards a Multi-

level Understanding ［J］. Journal of Management Studies, 2009, 46 (4): 597 – 624.

［214］ Smith K G, Smith K A, Olian J D, et al. Top Management Team Demography and Process: The Role of Social Integration and Communication ［J］. Administrative Science Quarterly, 1994, 39 (3): 412 – 438.

［215］ Smith W K, Tushman M L. Managing Strategic Contradictions: A Top Management Model for Managing Innovation Streams ［J］. Organization Science, 2005, 16 (5): 522 – 536.

［216］ Song M, Droge C, Hanvanich S, et al. Marketing and technology resource complementarity: an analysis of their interaction effect in two environmental contexts ［J］. Strategic Management Journal, 2005, 26 (3): 259 – 276.

［217］ Spencer B, Peyrefitte J, Churchman R. Consensus and divergence in perceptions of cognitive strategic groups: Evidence from the health care industry ［J］. Strategic Organization, 2003, 1 (2): 203 – 230.

［218］ Sproull L S. The nature of managerial attention ［J］. Advances in information processing in organizations, 1984, 1: 9 – 27.

［219］ Staw B M, Sanderlands L E, Dutton J E. Threat-rigidity effects on organizational behavior: a multilvel analysis ［J］. 1981.

［220］ Stettner U, Lavie D. Ambidexterity under scrutiny: Exploration and exploitation via internal organization, alliances, and acquisitions ［J］. Strategic Management Journal, 2014, 35 (13): 1903 – 1929.

［221］ Stimpert J L, Duhaime I M. In the eyes of the beholder: Conceptualizations of relatedness held by the managers of large diversified firms ［J］. Strategic Management Journal, 1997: 111 – 125.

［222］ Sutcliffe K M. What Executives Notice: Accurate Perceptions in Top Management Teams ［J］. Academy of Management Journal, 1994, 37 (5): 1360 – 1378.

[223] Sutton R I, Rafaeli A. Untangling the Relationship between Displayed Emotions and Organizational Sales: The Case of Convenience Stores [J]. Academy of Management Journal, 1988, 31 (3): 461 - 487.

[224] Teece D J. Profiting from technological innovation: Implications for integration, collaboration, licensing and public policy [J]. Social Science Electronic Publishing, 1986, 15 (6): 285 - 305.

[225] Thomas A, Levinson E M, Orf M L, et al. Administrators' perceptions of school psychologists' roles and satisfaction with school psychologists. [J]. Psychological Reports, 1992, 71 (2): 571 - 575.

[226] Thomas H, Porac J F. Managing Cognition and Strategy: Issues, Trends and Future Directions [C]. 2002.

[227] Thomas J B, Mcdaniel R R. Interpreting Strategic Issues: Effects of Strategy and the Information-Processing Structure of Top Management Teams [J]. Academy of Management Journal, 1990, 33 (2): 286 - 306.

[228] Thompson M M, Zanna M P. Let's not be indifferent about (attitudinal) ambivalence. BT-Attitude Strength: Antecedents and Consequences [J]. 1995.

[229] Tihanyi L, Ellstrand A E, Daily C M, et al. Composition of the top management team and firm international diversification [J]. Journal of Management: Official Journal of the Southern Management Association, 2000, 26 (6): 1157 - 1177.

[230] Tuggle C S, Bierman L. Commanding board of director attention: investigating how organizational performance and CEO ambidexterity affect board members' attention to monitoring [J]. Strategic Management Journal, 2010, 31 (9): 946 - 968.

[231] Tushman M L, Anderson P. Technological Discontinuities and Organizational Environments [J]. Administrative Science Quarterly,

1986, 31 (3): 439 –465.

[232] Tushman M L, O'Reilly C A. The Ambidextrous Organizations: Managing Evolutionary and Revolutionary Change [J]. California Management Review, 1996, 38 (4): 8 –30.

[233] Tushman M L, Romanelli E. Organizational evolution: Interactions between external and emergent processes and strategic choice [J]. Research in organizational behavior, 1985, (8): 171 –222.

[234] Tushman M L, Smith W. Organizational Technology [J]. Companion to organizations, 2002: 386 –414.

[235] Uotila J, Maula M V J, Zahra S A, et al. Exploration, Exploitation, and Financial Performance: Analysis of S&P 500 Corporations [J]. Strategic Management Journal, 2009, 30 (2): 221 –231.

[236] Van deVen A H, Delbecq A L, Koenig Jr R. Determinants of coordination modes within organizations [J]. American sociological review, 1976: 322 –338.

[237] Van deVen A H, Ferry D L. Measuring and assessing organizations [M]. John Wiley & Sons, 1980.

[238] Venkatraman N, Lee C H, Iyer B. Strategic Ambidexterity and Sales Growth: A Longitudinal Test in the Software Sector [J]. Academy of Management Meetings, 2007.

[239] Walsh J P. Managerial and Organizational Cognition: Notes from a Trip Down Memory Lane [J]. Organization Science, 1995, 6 (3): 280 –321.

[240] Wang C L, Rafiq M. Ambidextrous Organizational Culture, Contextual Ambidexterity and New Product Innovation: A Comparative Study of UK and Chinese High-Tech Firms [J]. British Journal of Management, 2014, 25 (1): 58 –76.

[241] Wassmer U, Li S, Madhok A. Resource ambidexterity through alliance portfolios and firm performance [J]. Strategic Manage-

ment Journal, 2015, 38: n/a-n/a.

[242] White J C, Varadarajan P R, Dacin P A. Market Situation Interpretation and Response: The Role of Cognitive Style, Organizational Culture, and Information Use [J]. Journal of Marketing, 2013, 67 (3): 63 –79.

[243] Wiersema M F, Bantel K A. Top Management Team Demography and Corporate Strategic Change [J]. Academy of Management Journal, 1992, 35 (1): 91 –121.

[244] Williams P, Aaker J L. Can Mixed Emotions Peacefully Coexist? [J]. Journal of Consumer Research, 2002, 28 (28): 636 –649.

[245] Williamson O E. The Economics of Discretionary Behavior [C]. 1964.

[246] Wrona T, Ladwig T, Gunnesch M. Socio-cognitive processes in strategy formation-A conceptual framework [J]. European Management Journal, 2013, 31 (6): 697 –705.

[247] Yadav M S, Prabhu J C, Chandy R K. Managing the Future: CEO Attention and Innovation Outcomes [J]. Journal of Marketing, 2007, 71 (4): 84 –101.

[248] Yamakawa Y, Yang H, Lin Z. Exploration versus exploitation in alliance portfolio: Performance implications of organizational, strategic, and environmental fit [J]. Research Policy, 2011, 40 (2): 287 –296.

[249] Yin R K. Case Study Research: Design and Methods-Second Edition [J]. 1994.

[250] Yuan W, Bao Y, Olson B J. CEOs' ambivalent interpretations, organizational market capabilities, and corporate entrepreneurship as responses to strategic issues [J]. Journal of World Business, 2017, 52.

[251] Zajac E J, Westphal J D. The Costs and Benefits of Manageri-

al Incentives and Monitoring in Large U. S. Corporations: When is More not Better? [J]. Strategic Management Journal, 1994, 15 (S1): 121 – 142.

[252] Zimmermann A, Raisch S, Birkinshaw J. How is ambidexterity initiated? the emergent charter definition process [J]. Organization Science, 2015, 26 (4): 2047311294.